MERIAN *live!*

Madrid

Hans Andreas Bloss

D1641048

Chantecler

Plaza de España: monument à Miguel de Cervantes

Sommaire

Bienvenue à Madrid

Une ville se présente 4
Voyage et arrivée 12
Avec ou sans voiture 14
Hôtels et logements 16

Vivre à Madrid

Curiosités 23
Musées et galeries 43
Manger et boire (avec lexique) 53
Achats 66
Le soir 76
Fêtes et festivals 84

Promenades

Les environs de la Plaza Mayor 88
Du Palacio Real à l'ancien quartier maure 91
De la Puerta del Sol au Reina Sofía 94

Excursions

L'Escurial et la vallée des Morts 96
Ségovie 102
Tolède 104
Aranjuez 108

Informations importantes

Informations diverses 110
Index 117

Cartes et plans
Madrid centre: rabat avant; **Métro**: rabat arrière; **Environs de Madrid**: couverture; **Les environs de la Plaza Mayor**: p. 90; **El Escorial**: p. 98; **Tolède**: p. 106.

Fascinante Madrid, à la fois métropole culturelle, capitale vivante et ouverte, et village de la Mancha. Le but idéal pour un séjour ou une courte escapade...

Pour découvrir le caractère particulier de cette ville, le touriste devrait commencer son exploration à la **Puerta del Sol**, la place animée de la vieille ville, depuis toujours cœur de la métropole espagnole. Cette place reflète la vitalité, la diversité et la vie bouillonnante de la ville. C'est ici que les Madrilènes s'adonnent à leurs occupations favorites: la flânerie, le shopping et le bavardage entre amis. Tandis que les marchands aveugles de billets de loterie vantent, comme depuis 60 ans, la très populaire «Loteria Nacional», l'odeur du poisson et de la viande grillée nous parvient des nombreuses «tascas», bars et petits restaurants, ainsi que, parfois, les sons tirés d'une guitare par les doigts agiles de jeunes musiciens de rue. La Puerta del Sol est le centre géographique de l'Espagne et le cœur d'une ville qui y déploie presque chaque jour sa joie de vivre. C'est ici que le touriste attentif trouvera l'emblème de Madrid, la statue d'un ours dres-

La Gran Vía, artère commerçante principale du Madrid moderne

sé sur ses pattes qui ronge l'écorce d'un «madroño». Les ours ont depuis longtemps disparu, mais on trouve encore de beaux arbousiers à large cime et aux fruits rouges – notamment dans le jardin botanique ou dans le petit parc en face de l'hôtel «Ritz».

On raconte à propos de cet emblème de la ville une jolie anecdote que beaucoup de Madrilènes croient vraie. Dans la première moitié du XIIIe siècle, la toute-puissante Eglise catholique disputait la possession des bois et champs environnants au pouvoir temporel. Le conflit fut résolu par un jugement digne de Salomon. L'Eglise reçut les champs, tandis que les bois furent attribués aux conseillers municipaux, c'est-à-dire aux habitants des villes et villages voisins. Le **madroño**, arbousier sauvage, fut repris dans le sceau avec lequel cette dispute fut close, de même bien entendu qu'un ours, alors familier des environs de Madrid, qui se régale des baies douces-amères de l'arbousier. A la Puerta del Sol se trouve aussi la borne kilométrique rouge et jaune dont le chiffre 0 gravé indique le point de départ de toutes les routes nationales du pays, que ce soit vers Bilbao, Barcelone ou vers le Sud et Málaga. La Puerta del Sol fut toujours au centre de l'histoire espagnole, théâtre de fêtes ou de révolutions. Ici débuta en 1808 l'insurrection de la population de Madrid contre l'occupation napoléonienne, une révolte

Beaucoup d'Espagnoles âgées s'habillent aujourd'hui encore de noir.

politique lourde de conséquences que **Francisco de Goya**, un des plus grands peintres espagnols, observa de la fenêtre d'une des maisons patriciennes de la place et dépeignit dans ses œuvres. C'est ici aussi que fut proclamée la république espagnole en 1931 et que la tristement célèbre police de Franco, la «Seguridad», fut logée pendant des dizaines d'années dans le bâtiment baroque se trouvant sur le long côté de la place, où furent amenés de nombreux opposants. Tous les ans, le soir de la Saint-Sylvestre, des milliers de Madrilènes s'y retrouvent pour crier «Adiós» à l'année qui s'achève. Ils fixent la grande horloge qui résonne et croquent à chaque coup d'horloge un grain de raisin, censé porter bonheur selon la vieille coutume espagnole. «¡Viva Madrid, que es mi pueblo!» – «Vive Madrid, ma ville!»

La Plaza Mayor – plus qu'un centre historique

Le contrepoint de la Puerta del Sol, bruyante, agitée et grouillante de circulation, ne se trouve qu'à cinq minutes à pied de là: la **Plaza Mayor**, large et ouverte, une des plus belles places d'Espagne, avec la place de l'hôtel de ville de Salamanque. Elle se caractérise par de pittoresques arcades, des façades centenaires, des balcons à l'aspect un peu décrépit, des mansardes et des terrasses fleuries où claque au vent la lessive colorée. Il se tint jadis des spectacles joyeux ou plus sombres, mais toujours très populaires dans cette «salle en plein air», construite au début du XVIIe siècle, plusieurs fois détruite par des incendies dramatiques et toujours reconstruite. La Plaza Mayor fut tour à tour théâtre en plein air, salle des fêtes et arène. Elle n'a pas seulement vu les «autodafés» et les sinistres bûchers, c'est aussi ici que fut béatifié le saint patron de la ville, San Isidro, le 15 mai 1620. De nombreux rois d'Espagne ont assisté aux spectacles de la place depuis le balcon en hauteur de la «Casa Panadería», une loge réservée en permanence au souverain, et de nombreux toréros ont levé leur chapeau pour saluer le souverain avant le début du combat dans l'arène.

D'aujourd'hui et de toujours: la garde royale devant le Palacio Real

Aujourd'hui, la Plaza Mayor, avec ses cafés et restaurants sous les arcades et la statue équestre en fonte du roi Philippe III, à qui elle doit son plan, est un point de rencontre et de départ pour des balades dans la vieille ville. Tous les dimanches matin, la place devient la Mecque des collectionneurs de timbres, des numismates et des peintres.

D'ici, seuls quelques pas nous séparent de la **Plaza de la Villa**, siège de la mairie de Madrid, et quelques marches vers le sud nous mènent jusque dans cette partie de Madrid réservée jadis aux pauvres. Sur la **Plaza del Cordón**, on peut admirer la maison d'un riche paysan, dont le valet, prénommé Isidro, devint le saint patron de la ville. Dans l'agréable auberge «Luis Candelas», juste sous l'arcade «A la coutellerie», l'histoire locale célèbre un bandit qui volait les riches pour donner aux pauvres: sorte de Robin des Bois espagnol, dont la biographie mouvementée met aussi en évidence l'opposition de toujours entre la fortune bourgeoise et la pauvreté du peuple.

Des oasis de verdure égayent la métropole

Que serait Madrid sans ses places et ses parcs, sans les magnifiques acacias, châtaigniers et cyprès du **parc du Retiro**, en plein centre-ville, qui soutient sans peine la comparaison avec de célèbres parcs citadins. On se promène à travers la roseraie, passage obligé de tout couple de mariés madrilènes, suite comprise, pour la photo du jour,

Le Parc du Retiro: un havre de paix dans l'agitation de Madrid

ou à l'ombre des châtaigniers de l'agréable **Kiosco la Gruta**, où l'on peut déguster l'été un délicieux lait d'amandes ou "horchata", ou encore une bière au fût. Sur les marches de l'imposant monument équestre du roi Alphonse XIII, on rencontre de jeunes artistes et bohèmes. Bref, le vaste **Retiro**, avec ses monuments, ses bustes de pierre, ses petits temples et ses palais d'exposition est un parc plein de vie. Il mérite toujours que l'on s'y arrête. Il a cessé depuis longtemps d'être le refuge élégant des riches habitants des quartiers voisins de Salamanca et Serrano. Aujourd'hui, on croise dans ses allées larges et ombragées des Madrilènes de toutes les classes. Tout Madrid s'y donne rendez-vous le weekend.

Le parc apprécié de **Casa de Campo**, à l'ouest de Madrid, sur l'autre rive du Manzanares, a conservé son caractère plus rude et populaire. Cet ancien terrain de chasse des rois d'Espagne, offert par le premier gouvernement de la deuxième république espagnole à la ville de Madrid dès avril 1931, est resté, avec ses lacs, ses larges allées et ses terrains de jeux, l'attraction favorite de nombreuses familles madrilènes qui ne peuvent se permettre de plus lointaines excursions. Une autre oasis, de taille plus réduite mais aussi jolie, se situe juste à l'extrémité sud du célèbre musée du Prado: le **Jardín Botánico**, un havre de paix bienvenu dans le bruit de la ville,

et en même temps une occasion unique de s'intéresser à la riche faune et flore de l'empire colonial hispano-américain. Par décret royal, les marins, géographes et botanistes espagnols avaient reçu l'ordre, lors de leurs expéditions vers l'Amérique du Sud, le Mexique et même le Détroit de Magellan, de prendre possession des terres mais aussi de récolter systématiquement plantes et graines de Cuba, du Pérou ou des Philippines et de les entreposer ici. Le résultat est une collection unique des «Plantae Novae Hispaniae».

Une ville monumentale au caractère villageois

Madrid a sans conteste un certain penchant pour le monumental. Cet étalage pompeux, un peu présomptueux, de la métropole de 4 millions d'habitants, est visible en beaucoup de places et de rues – le boulevard **Paseo de la Castellana** et ses nombreuses voies de circulation comme l'immense bâtiment de la poste centrale à la **Plaza de la Cibeles** en sont des exemples. Tout paraît au premier regard trop grand, presque disproportionné, comme si les architectes de Madrid avaient voulu jusqu'à aujourd'hui parachever le geste royal par lequel Philippe II transforma le village assoupi du plateau castillan en sa capitale, voici quatre siècles. La ville ne s'est pas agrandie de façon organique, ni au rythme des circonstances.

Sa fondation repose sur un projet architectural issu de la folie du pouvoir: un geste du doigt de Philippe II sur une carte d'Espagne donna l'ordre de transformer en capitale le vieux village qui portait encore à l'époque le nom mauresque de Magerit. L'époque des souverains voyageant de château en château était révolue, les rois nomades étaient devenus sédentaires. Le 1er juin 1561, jour où le roi Philippe II emménagea à l'Alcázar, devint l'anniversaire officiel de la métropole espagnole. Depuis lors, cette ville dont la situation géographique n'est en rien favorable, fut destinée à en imposer à la périphérie. Les innombrables palais érigés ici sous les Habsbourg et les Bourbon lui donnèrent rapidement l'aspect d'une capitale monumentale.

Madrid acquit les signes extérieurs du pouvoir, reconnaissables aujourd'hui encore dans l'architecture des ministères ou des banques, et même des portails de nombreuses maisons patriciennes. Le touriste s'en rendra compte sans peine lors d'une promenade dans les quartiers bourgeois de **Salamanca**, **Chamartín** ou **Retiro**. Pourtant, derrière la grandeur de cette métropole de quatre millions d'habitants et cette mégalomanie se cachent toujours les traits d'un «burgo manchego», d'un village fortifié de la Mancha, le contraire d'étendu, comme le dit un jour le philosophe Ortega y Gasset. Qui grimpe au sommet d'un haut immeuble au centre de Madrid et regarde les toits des maisons et les ruelles tor-

Un édifice prestigieux de la plaza de la Cibeles: la poste principale

tueuses de la vieille ville y reconnaîtra le caractère villageois de la capitale espagnole.

Des contrastes riches et passionnants

La meilleure façon de découvrir à quel point l'ancien et l'authentique existent encore aujourd'hui à Madrid est de flâner sans but dans ses innombrables cafés et restaurants, pleins à craquer le soir, mais aussi de faire un détour dans une tout autre direction.

Il faut se rendre en fin d'après-midi dans le **Paseo de la Florida**, que tout amateur d'art se doit de déjà connaître s'il a visité la chapelle **San Antonio de la Florida**. C'est ici que repose **Francisco de Goya**, qui décora la chapelle en 1798, sans tenir compte, il est vrai, des souhaits de ses commanditaires. Au lieu d'exécuter des tableaux sur le thème du miracle de saint **Antoine de Padoue**, qui ressuscita un mort, Goya peignit des bourgeois flânant et gesticulant, des fresques animées d'une «furia española», qui selon les experts, anticipaient l'esprit et la méthode des peintres modernes.

Tout près de la chapelle, dans la «Casa Mingo», une taverne à vin rustique de style asturien, se rassemble tous les soirs un petit peuple coloré et joyeux pour boire la spécialité de la maison, le cidre. Avec Goya dans le cœur et un «**sidra**» légèrement alcoolisé dans la tête, il faut alors se plonger dans la vie nocturne animée et excitante de Madrid, dans la vitalité débordante d'une ville qu'il sera difficile de quitter.

Gastronomie et tradition: bar près de la Plaza Sta. Ana

BIENVENUE À MADRID

Le moyen le plus rapide et le plus confortable pour se rendre à Madrid est bien sûr l'avion, mais le train et la voiture sont des alternatives très attrayantes.

La compagnie aérienne espagnole Iberia, Air France et la Sabena offrent plusieurs liaisons directes vers Madrid au départ de la France et de la Belgique. Le vol dure environ deux heures. Il y a aussi des vols charters avec des arrangements touristiques ou des vols de ligne réguliers à tarif réduit; on doit alors parfois s'occuper soi-même de trouver un hôtel. Toutefois, si l'on veut profiter de tarifs réduits, il est nécessaire de réserver et parfois de passer le week-end ou au moins le samedi sur place. Les "city-trips" sont également intéressants, avec des prix très bas, vol et logement compris dans le forfait. Les agences de voyages pourront vous renseigner sur les offres actuelles et les réductions pour certaines catégories de personnes (enfants, étudiants, etc.).

L'aéroport de Madrid, **Barajas**, est situé à 16 kilomètres à l'est de la ville. Des bus partent toutes les dix minutes, entre 5 et 1 heure, de l'entrée principale de l'aéroport jusque dans le centre-ville, à la Plaza del Descubri-

La gare du Nord, Plaza de la Florida

miento (Place de la Découverte, avec monument à Christophe Colomb). Durée du trajet: 30 minutes.

En voiture

Au printemps et en automne, si l'on se réserve du temps pour le long trajet et qu'on souhaite profiter du paysage, un voyage en voiture jusque Madrid peut être une expérience intéressante. Un itinéraire possible passe par Lyon, Nîmes et Barcelone jusque Saragosse, et de là par la Nationale N II jusque Madrid. Il faut compter près de vingt heures pour accomplir le trajet. On peut également passer par Paris, Bordeaux, Irùn, San Sebastián, Burgos, Madrid.

On emprunte alors plutôt les nationales et le trajet est à peu près aussi long.

Une alternative intéressante est de passer par Lyon, Nîmes, Perpignan et la petite Principauté d'Andorre, de là, via Barcelone et Saragosse vers Madrid.

En train

La route vers Madrid passe en règle générale par Paris, où l'on peut embarquer en gare d'Austerlitz à bord du train rapide «Puerta del Sol», qui quitte Paris en fin d'après-midi et arrive le lendemain matin à la gare du Nord de Madrid, «Estación del Chamartín». Le trajet dure une douzaine d'heures, et il est intéressant de profiter des tarifs réduits «Billet de jour» en France. Les chemins de fer vous renseigneront davantage sur les tarifs et les réductions.

En autocar

Faire le voyage en autocar jusque Madrid est certainement fatigant. Le trajet dure plus de vingt heures, mais c'est également la façon la plus économique de voyager. Des lignes régulières relient Madrid à la plupart des villes belges et françaises. Pour plus de renseignements, adressez-vous à votre agence de voyages.

En raison des embouteillages chroniques à l'intérieur de la capitale, la meilleure chose à faire est de réserver la voiture aux excursions dans les environs...

Bien que les transports en commun de Madrid vaillent mieux que leur réputation, les embouteillages de voitures, d'année en année plus importants dans le centre de la ville, montrent que les Madrilènes ne sont pas encore tout à fait prêts à renoncer à leur véhicule. Tous ragent sur les difficultés de circulation et les embouteillages absolument imprévisibles, mais il semble à la plupart aussi difficile que partout ailleurs de monter dans un bus ou un métro. Le touriste s'userait les nerfs et perdrait son temps et son argent à chercher où garer son véhicule dans des rues pleines et des parkings onéreux.

Location de voiture

La meilleure solution si l'on veut partir à la découverte des pittoresques environs de Madrid sans forcément participer à un voyage organisé est de louer une voiture pour quelques jours. Il est bon dans ce cas de réserver la voiture avant de partir et via une agence de voyages. C'est simple et ne coûte pas un franc de plus, les tarifs sont au contraire souvent moins chers et l'on est sûr d'avoir une voiture quand on en aura besoin.

En métro

Le métro madrilène est l'un des meilleurs du monde et le plus rapide, le plus conforta-

Le métro est le meilleur moyen pour explorer Madrid.

ble et le moins cher des moyens de transport en ville. On peut atteindre sans problème presque tous les quartiers de la ville grâce aux dix lignes, reconnaissables à leurs couleurs différentes. Les rames de métro passent toutes les dix minutes; toutes les trois à cinq minutes aux heures de pointe, de 6 h 30 à 1 h 30. Le métro madrilène est de plus très sûr, les stations étant surveillées en permanence.

Pour les touristes existe la **carte Metrotour**, à un prix avantageux, qui permet de circuler à volonté sur le réseau pendant trois ou cinq jours.

En bus

Le réseau madrilène est également très développé, avec environ 160 lignes. Les bus circulent à intervalles rapprochés de 5 heures du matin à minuit, partout dans la ville. Pour les noctambules, des bus spéciaux partent toutes les demi-heures de minuit à 2 heures, et toutes les heures de 2 à 5 heures, et passent tous par la **Plaza de la Cibeles**, dans le centre. Les billets ne sont valables que pour une ligne, et pas pour les correspondances. Il y a deux sortes de bus: les bus normaux rouges et les Microbus, plus petits, climatisés et plus chers.

On peut réserver des **circuits en bus** dans Madrid ou ses environs à l'hôtel ou par agence de voyages.

En taxi

Circuler en taxi reste relativement bon marché. Les taxis publics sont blancs et portent le sigle **SP (servicio público)**, un panneau «libre» sur le pare-brise lorsqu'ils sont disponibles et une lumière verte sur le toit, de nuit. Il y a peu de stations de taxis, mais cela ne sera jamais long, où que vous soyez, avant qu'il en arrive un. Il faut payer un supplément pour les bagages ou les trajets nocturnes.

Radio-Taxi
Tél. 446 20 54 ou 593 06 86
Radio Teléfono Taxi
Tél. 247 82 00 ou 247 85 00
Téle-Taxi
Tél. 445 90 08 ou 439 32 80

En train

Madrid possède deux gares centrales: **Chamartín** pour les trains en direction du sud et du nord et **Norte** pour l'ouest. Le train à grande vitesse qui relie Madrid et Séville s'appelle **AVE**, les rapides **Talgo**, **Expreso** et **Rápido**. Il y a des possibilités d'excursions intéressantes dans les environs. Pour plus de renseignements, adressez-vous aux chemins de fer espagnols:

RENFE
C/. de Alcalá 44
Tél. 733 30 00 ou 733 22 00

L'offre hôtelière de Madrid est l'une des meilleures d'Europe. Ceci vaut pour les hôtels de luxe comme pour les hôtels simples ou de moyenne catégorie.

Les temps où le voyageur devait pour passer la nuit se mettre en quête d'une de ces auberges rudimentaires, cachées la plupart du temps dans les ruelles tortueuses de la vieille ville, sont passés depuis bien longtemps. On trouve pourtant aujourd'hui encore de simples pensions de famille, les **posadas**, dans la Cava Baja, c'est-à-dire dans les environs immédiats de la **Plaza Mayor**. Leurs noms, «Posada del Dragón», «Posada de San Isidro» ou «Mensón del Segoviano», rappellent l'époque où Madrid fut nommée capitale de l'Espagne. Une ordonnance royale aurait alors obligé les habitants de Madrid à réserver des chambres dans leurs maisons pour offrir des logements pour la nuit aux étrangers affluant de plus en plus nombreux vers la ville.

Quatre siècles plus tard, Madrid est devenue une métropole européenne du tourisme et un centre de congrès très fréquenté. Les offices de tourisme espagnols offrent une large gamme de possibilités de logements. La meilleure source d'information est le «Guía de Hoteles», publié par le **Secretaría de Turismo**. Le «Guía del Ocio», distribué dans tous les kiosques à journaux, peut aussi s'avérer de bon conseil dans la recherche d'un hôtel à Madrid. Il ne donne pas seulement des informations complètes sur tout ce qui se passe à Madrid, mais fournit dans les dernières pages une excellente présentation d'hôtels conseillés dans et hors de la ville. La capitale espagnole compte actuellement 13 hôtels cinq étoiles, 39 hôtels quatre étoiles et 41 hôtels trois étoiles, ainsi que 545 «Hostales», de trois à une étoile, avec une capacité totale de 50 000 lits. Il y a, à côté de cela, d'innombrables pensions privées, deux auberges de jeunesse et, à proximité de la ville, trois campings (voir «Informations diverses»).

Classes de prix
Voici les prix des chambres d'hôtels pour deux personnes et pour une nuit, petit déjeuner non compris.
Classe de luxe: à partir de 50 000 ptas
Classe de prix élevée: à partir de 25 000 ptas
Classe de prix moyenne: à partir de 12 000 ptas
Classe de prix inférieure: à partir de 6 000 ptas

Une cour intérieure espagnole typique - Parador de Sigüenza

Hôtels et pensions

Agumar ■ F4/F5
Un bon hôtel quatre étoiles aux abords du parc du Retiro, entre le musée du Prado et la gare d'Atocha. Par sa situation, un point de départ idéal pour des activités dans le centre-ville. Les chambres de l'hôtel sont propres et agréables.
Paseo Reina Christina, 7
Métro: Atocha
Tél. 552 69 00
130 chambres
Classe de prix moyenne

Alcalá ■ F2
Un hôtel quatre étoiles relativement calme, non loin du quartier commerçant autour de la Calle Serrano. Bon service et excellente cuisine, qui se distingue par ses spécialités basques.
C/. Alcalá, 66
Principe de Vergara
Tél. 435 10 60
153 chambres
Classe de prix moyenne

Asturias ■ D3
Hôtel trois étoiles dans les environs de la Puerta del Sol. Construit avant 1925, il faisait jadis partie des meilleurs hôtels de la ville, déclina ensuite un peu et est redevenu aujourd'hui, après rénovation, un hôtel de catégorie moyenne apprécié.
C/. Sevilla, 2
Métro: Sevilla
Tél. 429 66 76
175 chambres
Classe de prix inférieure

Colón
Hôtel quatre étoiles calme et central. Apprécié des hommes d'affaires en voyage, qui aiment après une journée de travail se détendre dans la piscine de l'hôtel, pour être à nouveau en forme le lendemain.
C/. Doctor Esquerdo, 117
Métro: Conde de Casal
Tél. 273 59 00
389 chambres
Classe de prix moyenne

Conde Duque
Un hôtel quatre étoiles remarquablement rénové à l'atmosphère particulière. Non loin du centre-ville et aux abords immédiats du quartier estudiantin d'Argüelles, entouré de nombreux bars, de boutiques et de places animées.
Plaza Conde del Valle Súchil, 5
Métro: San Bernardo
Tél. 447 70 00
138 chambres
Classe de prix élevée

Cuzco
Hôtel quatre étoiles bien situé dans le nord de la ville, avec de belles pièces et chambres aménagées avec goût.
Paseo de la Castellana, 133
Métro: Cuzco
Tél. 456 06 00
330 chambres
Classe de prix moyenne

Emperador ■ C2
Hôtel quatre étoiles de tradition, situé dans le centre et réputé pour son service. Les touristes apprécient la piscine-terrasse après une longue journée de promenade.
Gran Vía, 53
Métro: Callao
Tél. 247 28 00
231 chambres
Classe de prix moyenne

Eurobuilding
Un hôtel cinq étoiles très haut, ultra-moderne et de grand confort, dans le nord du centre-ville. Entouré de gratte-ciel, de magasins,

18

de boutiques et de bars, c'est un hôtel réputé aussi pour l'organisation de réunions auprès des hommes d'affaires espagnols et étrangers. Il dispose d'une piscine, d'une terrasse accueillante et d'un bon buffet-restaurant.
C/. Padre Damián, 23
Métro: Cuzco
Tél. 457 17 00
416 chambres
Classe de prix élevée

Foxa

Elégant hôtel-appartements quatre étoiles, situé près de la gare Chamartín, dans le nord de Madrid. L'hôtel ne dispose que de chambres doubles, il a une dépendance dans la Calle de Orense, 32, dans le complexe d'affaires AZCA.
Augustin de Foxa, 32
Métro: Chamartín
Tél. 733 10 60
161 chambres
Classe de prix moyenne

Holiday Inn

Cet hôtel quatre étoiles de bon niveau, faisant partie de la célèbre chaîne américaine, se situe non loin du Paseo de la Castellana, dans le centre d'affaires moderne AZCA. Le bon brunch du dimanche matin est très apprécié des Madrilènes.
Plaza Carlos Trias Bertrán, 4
Métro: Lima
Tél. 456 70 14
344 chambres
Classe de prix élevée

Husa Princesa　　　　■ B1

Un hôtel cinq étoiles moderne, confortable, situé au centre, près de la Plaza de España.
Service très agréable. Fréquenté par des voyageurs pour loisirs ou affaires.
C/. Princesa, 40
Métro: Pl. España
Tél. 542 35 00
380 chambres
Classe de prix élevée

STOP

Palace. En face du Parlement et du musée Thyssen, cet hôtel cinq étoiles, avec sa façade blanche Belle Epoque, est devenu un symbole célèbre de Madrid. Les députés en congrès, les journalistes et les P. D. G. vont et viennent et peuplent le soir le fameux bar de l'hôtel. Le livre d'or prouve qu'entre autres Mata Hari et Hemingway y logèrent et y savourèrent des cocktails – deux salles portent leurs noms. Même si l'on ne loge pas à l'hôtel, cela vaut vraiment la peine de faire un détour pour boire un café ou un cocktail dans la vaste salle en coupole avec sa rotonde Art nouveau. Plaza de las Cortes, 7. Métro: Banco. Tél. 429 75 51. 517 chambres. Classe de prix élevée.　　　　■ E4

Miguel Angel

Hôtel cinq étoiles modernisé au confort classique, idéalement situé entre les quartiers nord de la ville et la Plaza Colón.
C/. Miguel Angel 31
Métro: Rubén Darío
Tél. 442 81 99
277 chambres
Classe de prix élevée

Paris ■ D3

Un hôtel deux étoiles ancien, près de la Puerta del Sol. Cet hôtel relativement simple est pratique pour des excursions dans la vieille ville toute proche.
C/. Alcalá
Métro: Sol
Tél. 221 64 96
114 chambres
Classe de prix inférieure

Príncipe Pío ■ A2/B2

Hôtel trois étoiles dans les alentours de la Plaza de España, avec vue splendide sur le Palacio Real et le parc royal Campo del Moro.
Cuesta de San Vicente 14
Métro: Plaza de España
Tél. 247 80 00
157 chambres
Classe de prix moyenne

Puerta de Toledo ■ B6

Dans les environs du Rastro et non loin de la Plaza Mayor. Hôtel trois étoiles moderne, qui a toutefois su conserver son style «castizo» typiquement madrilène.
Glorieta Puerta de Toledo 4
Métro: Puerta de Toledo
Tél. 474 71 00
152 chambres
Classe de prix moyenne

Reina Victoria ■ D4

Situé en plein centre, la superbe façade de cet hôtel quatre étoiles évoque une certaine nostalgie. Ses

Tradition et nostalgie: Hôtel Palace, Plaza de las Cortes

chambres, qui ont conservé leur style ancien, ont déjà abrité de nombreux hôtes célèbres, écrivains, journalistes et surtout toréros.
Plaza Santa Ana 14
Métro: Sol
Tél. 531 45 00
110 chambres
Classe de prix élevée

Ritz ■ E3

Premier établissement de la ville. Hôtel de luxe avec tout le confort imaginable pour ceux qui peuvent se le permettre.
Plaza de la Lealtad 5
Métro: Banco
Tél. 521 28 57
156 chambres
Classe de luxe

Santo Mauro

Grand hôtel select, dans un palais de style des ducs de Santo Mauro,

en parfaite harmonie avec les vieilles demeures madrilènes aristocratiques et élégantes qui l'entourent.
C/. Zurbano, 36
Métro: Rubén Darío
Tél. 319 69 00
37 suites
Classe de luxe

Sanvy ■ F1

Ce petit hôtel quatre étoiles proche de la Plaza Colón est très apprécié des footballeurs de la fédération nationale espagnole, car le cuisinier, grand amateur de sport, s'entend à préparer des menus spéciaux pour sportifs de haut niveau. Le buffet du petit déjeuner est particulièrement bien fourni.
Paradisiaque, surtout en été: la piscine sur le toit avec un petit bar agréable.
C/. de Goya 3
Métro: Colón
Tél. 276 08 00
141 chambres
Classe de prix élevée

Serrano ■ F1

Hôtel quatre étoiles très confortable, dans une ruelle étroite entre Castellana et Calle Serrano. Belle salle pour le petit déjeuner et le bar au rez-de-chaussée au décor chaleureux.
Les chambres ont des fenêtres à double vitrage et le calme y est garanti.
Marques de Villamejor 8
Métro: Serrano
Tél. 435 52 00
34 chambres
Classe de prix élevée

Suecia ■ E3

Très bien situé, près du Círculo de Bellas Artes, de la Gran Vía et de la place de Cibeles, cet hôtel quatre étoiles fut longtemps le rendez-vous des intellectuels, qui faisaient

l'éloge de l'ambiance feutrée du bar du Suecia.
On peut commander au restaurant un «smörgasbord», réputé parmi les gastronomes.
C/. Marques de Casa Riera 4
Métro: Serrano
Tél. 231 69 00
67 chambres
Classe de prix élevée

Wellington

Pendant la saison des corridas, qui commence tous les ans à la mi-mai, le jour de la fête de San Isidro, le patron de la ville, on croise dans cet hôtel cinq étoiles cossu et classique de nombreux «aficionados» plongés dans des discussions passionnées sur la corrida du jour dans les arènes de Las Ventas. Il n'y a pas de meilleure atmosphère pour ces discussions d'experts que celle du «Bar Inglès», où éleveurs, matadors et critiques se perdent souvent dans des discussions enflammées.
C/. Velázquez 8
Métro: Retiro
Tél. 275 44 00
198 chambres
Classe de prix élevée

Auberges de jeunesse

Richard Schirmann

Recinto de la Casa de Campo, dans le parc Casa de Campo.
Métro: Lago
Tél. 463 56 99
118 lits
Ouverte toute l'année

Santa Cruz de Marcenado

C/. Santa Cruz de Marcenado 28
Métro: Argüelles
Tél. 247 47 32
77 lits
Ouverte toute l'année

BIENVENUE À MADRID

Hôtels dans les environs

Mindanáo
Facile à atteindre et proche du quartier universitaire, au nord-est de la ville. Piscine et terrasse sur le toit.
C/. San Francisco de Sales 15
Métro: Cuatro Caminos
Tél. 449 55 00
289 chambres
Classe de luxe

Monte Real
Cet hôtel cinq étoiles est idéal pour tous ceux qui veulent visiter Madrid mais souhaitent éviter le bruit de la capitale. La proximité du terrain de golf, une belle vue sur les montagnes de la Sierra de Guadarrama ainsi qu'un beau jardin procurent une agréable ambiance de vacances.
C/. Arroyo del Fresno 17
(Puerta de Hierro)
Métro: Ciudad Universitaria

Tél. 216 21 40
80 chambres
Classe de luxe

Osuna
A dix minutes à peine de l'aéroport de Barajas. Un hôtel quatre étoiles cossu, en pleine verdure, dont la cuisine est vantée par de nombreux connaisseurs.
C/. Luis de la Mata 18
Bus: Bus de l'aéroport au départ de la Plaza de Colón
Tél. 741 81 00
165 chambres
Classe de prix élevée

San Antonio de la Florida
En face de la gare du Nord et près de la Casa de Campo. Atmosphère moderne et cossue.
Paseo de la Florida 13
Métro: Norte
Tél. 247 14 00
100 chambres
Classe de prix élevée

Hôtel de luxe ou de moyenne catégorie - tout est possible à Madrid.

Places grandioses, églises baroques, vieux ponts et parcs superbes – Madrid a bien plus à offrir que les étapes obligées de musée en musée.

Quelles sont les curiosités que le touriste étranger doit absolument voir à Madrid? La réponse n'est pas simple, parce que la capitale espagnole se voit trop souvent réduite à un programme obligé de musées. Le **marché aux puces** dominical du **Rastro** fait partie de l'atmosphère de la ville au même titre que la déesse des sources **Cybèle**, sur la **place de Cybèle**, avec l'imposant bâtiment de la poste. Qui s'intéresse à la vie économique trépidante de la métropole espagnole devrait faire un tour du côté de la Bourse, qui porte bien son nom de **Palacio de la Bolsa**, sur la Plaza de la Lealtad, ou vers la gare d'**Atocha**, magnifiquement restaurée, avec sa palmeraie tropicale et ses jeux d'eau divertissants.

Dans le poumon vert de Madrid, le **Parque del Retiro**, le palais de cristal ou le **Palacio de Velázquez**, invitent à la visite – on y admire souvent d'intéressantes expositions. Le musée du **Prado**, mondialement célèbre, est bien sûr un passage incon-

Plaza de Tirso de Molina, non loin de la cathédrale San Isidro el Real

VIVRE À MADRID

tournable pour tout visiteur de Madrid, mais la collection unique de tableaux du nouveau **museo Thyssen-Bornemisza** ou les collections d'art du **Reina Sofía**, dont le chef-d'œuvre célèbre de Picasso, «Guernica», ne sont pas moins impressionnants. Les fresques de Goya dans l'église **Ermita de San Antonio de la Florida**, sur les rives du Manzanares, font également partie du programme de l'amateur d'art, qui ne devrait pas en oublier les curiosités classiques, dans lesquelles se reflète l'histoire mouvementée de la ville.

En font partie les places magnifiques, en tête la **Plaza Mayor**, mais aussi les belles rues et allées avec les constructions de prestige et les banques logées dans des palais d'aspect souvent pompeux, ainsi que les nombreux petits parcs encastrés dans le fouillis du béton urbain.

Cinq promenades à faire absolument

La meilleure façon de procéder est de répartir les curiosités en cinq grands quartiers, très faciles à déterminer sur le plan de la ville, car Madrid est relativement facile à traverser et l'on s'y oriente aisément.

La **Plaza Mayor**, la **Plaza de la Villa**, le «quartier des poètes» autour de la **Plaza Santa Ana** et jusque la **Puerta del Sol** font partie d'un ensemble.

C'est ici en effet que se trouvent les quartiers populaires du vieux Madrid.

On peut également considérer comme un ensemble à part le vieux centre-ville autour du **Palacio Real** avec les quartiers

Le Palais de Cristal du Retiro fut édifié en 1887 pour l'Exposición Colonial.

La coupole du Metropolis à l'angle de la Gran Vía et de la Calle de Alcála

VIVRE À MADRID

contigus au nord-ouest et à l'ouest, des deux côtés du Manzanares.

La **Plaza de Oriente**, la **Plaza de España**, le **Templo de Debod** et l'église **Ermita de San Antonio de la Florida**, déjà citée et parfois appelée Museo Panteón de Goya, font partie d'un deuxième circuit. Le circuit pourrait s'achever par une visite au musée Descalzas Reales.

Pour la troisième promenade, on pourra se concentrer sur la zone à l'ouest de la **Puerta del Sol**, avec comme point d'orgue architectural la **Plaza de las Cortes**, jusqu'à la **Puerta de Alcalá**. Il règne ici une animation particulière, car les bâtiments monumentaux du centre économique et financier de Madrid et, bien sûr, la superbe avenue **Paseo del Prado** avec ce célèbre musée du Prado et le musée Thyssen (voir Musées et galeries) ne sont pas loin.

Le quatrième circuit comprend la partie située à l'est du Prado, avec le **parc du Buen Retiro**, et ressemble déjà fort à une randonnée idyllique, que l'on peut achever par une agréable balade en calèche à travers le parc. Le **jardin botanique**, le **musée de l'armée**, la **gare d'Atocha**, le **musée Reina Sofía** (voir Musées et galeries) et la **Real Fábrica de Tapices** sont les haltes obligées de ce circuit, avant que l'on ne parte, au cours d'une dernière promenade, à la rencontre du Madrid moderne au nord et au nord-est de la ville.

Ce quartier s'est énormément agrandi depuis la deuxième moitié du XIXe siècle et s'étend jusqu'aux nouveaux ministères, au-delà de la rue Castellana, grande artère aux nombreuses bandes de circulation.

Costa Castellana: joie de vivre à l'état pur

Un passage à la Costa Castellana, cette enfilade méditerranéenne et joyeuse de terrasses sur la bande centrale du **Paseo de la Castellana** dans toute sa longueur est une attraction particulière qu'offre Madrid l'été. Les cafés en terrasses, les petits kiosques et les bars au style raffiné au milieu de ce boulevard à douze bandes sont bondés dans la chaleur des mois d'été et sont le rendez-vous incontesté de tous les Madrilènes en quête de sortie.

De la **Plaza de Colón**, notre chemin nous mène ensuite à travers le quartier (Barrio) **Salamanca** jusqu'aux arènes de **Las Ventas**, où l'on doit absolument accorder une visite au petit musée de la tauromachie. Le complexe d'immeubles du quartier **Azca**, entouré de gratte-ciel, dont la **Torre Picasso**, se trouve également dans cette partie de la ville, tout comme bien sûr le stade de football «Santiago Bernabéu», dans lequel le célèbre club champion d'Espagne, le Real Madrid, joue en général le dimanche après-midi ses matchs de championnat et de coupe d'Espagne.

Calle de Alcalá   ■ D3/F2

L'ancienne voie du commerce vers l'Orient, entre la Puerta del Sol et la Plaza de la Cibeles, se développa à partir du XVIIIe siècle. L'actuel ministère des Finances (Ministerio de Hacienda), au numéro 3 de la rue, est une ancienne douane royale construite en 1769 sur les plans de l'architecte favori de Charles III, Francisco Sabatini. C'est un bâtiment Renaissance classique sur le modèle des palais italiens. Un peu plus loin, au numéro 13, on trouve la Real Academia de Bellas Artes de San Fernando, depuis 1773 siège de l'Académie royale d'Architecture, de Peinture et de Sculpture. Le bâtiment abrite en outre la chalcographie royale (gravures sur métaux) et de belles collections artistiques (voir Musées et galeries). Derrière de nombreux numéros se cachent de monumentaux sièges de banques – n° 12: Banco Español de Crédito, 1882-1891 palais privé, banque depuis 1920; n° 16: Banco de Bilbao, construction 1919-1923;

n° 31: Banco Hispaño-Industrial, construite dans les années 30; n° 45: la Banco de Vizcaya fut construite sur l'emplacement d'un ancien cloître; n° 49: Banco Central et en point d'orgue, le bâtiment monumental et impressionnant de la Banco de España, construit entre 1882 et 1891 et qui a connu récemment encore plusieurs agrandissements. Métro: Sevilla

Casa de Campo

Aménagé dès 1562 sous Philippe II comme chasse royale, le parc ne fut rendu accessible au public qu'en 1931, année où il fut transformé en zone de loisirs et de repos public par la République. Ce parc de 1 700 hectares, avec ses chênes-lièges, ses platanes, ses pins et ses buissons de toutes les espèces est le but d'excursion et la zone de loisirs numéro un de Madrid. Ses divers aménagements, comme la faisanderie, un lac où l'on peut faire de la barque, le zoo (Parque Zoológico), un parc de loisirs (Parque de

La Catedral de la Almudena, consacrée seulement en 1993

Attracciones), le parc d'expositions, l'auberge de jeunesse, les restaurants, les piscines ainsi qu'un téléphérique (Teleférico), d'où l'on jouit d'une vue superbe sur Madrid, attirent surtout le week-end d'innombrables visiteurs. Estación Teleférico est la station de téléphérique qui conduit en plein cœur du parc.

Paseo del Pintor Rosales
Métro: Argüelles, Station de Téléphérique Teleférico ou Métro: Batán, entrée principale du parc

Casa Longoria

Ce bâtiment, une des rares constructions Art nouveau de Madrid (construite par José Grases Riera pour le banquier J. G. Longoria en 1902), impressionne par ses deux façades donnant sur la rue, reliées par des tours d'angle, et leurs ornements churrigueresques. C'est un courant architectural à qui Anton Gaudí donna son aspect typiquement espagnol vers 1900 à Barcelone. Le bâtiment abrite aujourd'hui la «Sociedad General de Autores de España».

C/. Fernando VI
Métro: Alonso Martínez

Catedral de la Almudena ou Nuestra Señora de la Almudena
■ A4/B4

La «nouvelle cathédrale» en face du Palais royal, dont les travaux avaient commencé en 1883, put enfin être consacrée le 15 juin 1993 par l'archevêque, et proclamée cathédrale nationale d'Espagne. Le choix du nom et du lieu de l'Almudena s'explique par la légende selon laquelle Marie serait apparue aux conquérants chrétiens du XIe siècle à cet endroit, au bord de la vieille ville maure «almudaina», et les aurait aidés par des miracles. A l'époque de Lope de Vega (XVIe-

XVIIe siècles) s'élevait ici près de l'Alcázar une église riche et majestueuse, démolie pour une raison inconnue en 1870. On peut encore voir les vestiges de l'enceinte arabe sous l'abside, dans la pente sud.

C/. de Bailény Cuesta de la Vega
Métro: Opera

Fuente de Apolo
■ E3

Située exactement entre les fontaines de Cybèle et de Neptune, sur le Paseo del Prado, la fontaine d'Apollon, dessinée par Ventura Rodríguez et sculptée dans la pierre par Alfonso Giraldo Verghaz et Manuel Alvarez en 1777, murmure au milieu d'avenues plantées d'arbres et de pelouses. Cette fontaine est un exemple réussi de sculpture magnifique, avec en son sommet la statue du dieu de la lumière, Apollon, et sur le socle quatre personnages gracieux symbolisant les saisons.

Paseo del Prado
Métro: Banco

Fuente de Cibeles
■ E3

La fontaine de Cybèle est un emblème de Madrid et certainement la fontaine la plus connue d'Espagne. Dans l'Antiquité protectrice des établissements humains, Cybèle donne avec son élégance et sa dignité l'impression d'être en même temps la nouvelle divinité protectrice de Madrid. Egalement conçue par Rodriguez, la fontaine fut achevée en 1782, Francisco Gutíerrez s'étant chargé de sculpter la déesse et son char et Robert Michel les lions.

Plaza de la Cibeles
Métro: Banco

Fuente de Neptuno
■ E4

La fontaine de Neptune forme le centre de la Plaza Cánovas del Castillo et se compose d'un ensemble sculpté montrant le dieu

Regard sur la Gran Vía, dont le nom officiel est Avenida de José Antonio

des mers Neptune, le trident dans une main, un serpent marin dans l'autre. Cette fontaine dessinée par Ventura Rodríguez fut sculptée dans le marbre blanc en 1782 par Joan Pascual de Mena.
Plaza Cánovas del Castillo
Métro: Banco

Gran Vía ■ B2/D2

De son vrai nom **Avenida de José Antonio**, elle va de la Calle de Alcalá à la Plaza de España. Cette Grand'Rue ne fut définitivement achevée que dans les années quarante et est aujourd'hui la principale artère commerçante de Madrid, avec des magasins modernes, des centres de divertissement et de spectacle, des cinémas, des hôtels, des cafés, des banques et des assurances. La tour massive de la Telefónica (n° 28), la centrale téléphonique nationale, fut construite de 1925 à 1929 et fut avec ses 81 mètres de hauteur le premier gratte-ciel de Madrid. A côté se trouve l'ancien grand magasin Madrid-Paris, aujourd'hui **Sepu**, et en face le monumental **Palacio de la Música** (n° 35), construit de 1924 à 1928, deuxième salle de concert de la ville. A cet endroit, où la Gran Vía fait un coude, à la Plaza del Callao, se trouvent deux bâtiments intéressants: le palais de la presse, **Palacio de la Prensa**, de 1924, avec son imposante façade, et le **Capitol**, de 1931-1933, certainement la construction la plus connue de la Gran Vía. Ici commence la dernière partie de la rue vers la **Plaza de España**, avec plusieurs grands cinémas, une ancienne banque avec une statue gigantesque (n° 60) et le Coliseum (n° 78).
Métro: Gran Vía

Jardín Botánico ■ F5

Le jardin Botanique se trouve juste derrière le musée du Prado et fut aménagé en 1781 sous Charles III. Il s'étend sur 7 hectares et abrite plus de 30 000 espèces différentes de plantes et d'arbres. Ses précieuses collections de plantes séchées d'Amérique du Sud et des Philippines, rapportées par les conquérants espagnols, et sa bibliothèque de 6 000 feuilles archivées sur la flore sud-américaine ont rendu le jardin célèbre de par le monde.
Plaza de Murillo 2
Métro: Atocha
Ouvert tous les jours 10 h – 18 h, en été 10 h – 22 h

Palacio de las Cortes Españolas ■ E3

Le Parlement espagnol fut édifié de 1843 à 1850 par l'architecte Narciso Pascual y Colomer en style classique. L'annexe moderne, qui s'incorpore harmonieusement à l'architecture originale, fut ouverte en 1994. Au pied des escaliers menant au portique, deux lions, coulés dans le bronze des canons fondus, veillent sur la grande porte de bronze, que l'on n'ouvre que lors d'occasions particulières. On peut visiter le bâtiment du Parlement tous les samedis de 10 à 13 heures lors de visites guidées d'une demi-heure. Si vous souhaitez prendre part à une session du Parlement vous pouvez en faire la demande le vendredi, entre 18 et 20 heures, dans la Calle Zorilla (derrière le bâtiment du Parlement), et assister alors à une séance la semaine suivante, l'entrée au Parlement n'étant dans les deux cas autorisée que sur présentation d'un passeport ou d'une carte d'identité.
Carrera de San Jerónimo
Métro: Sevilla
Tél. 429 51 93

Palacio Real ■ A3/B3

Le Palais royal tel qu'il se présente aujourd'hui date de 1734, lorsqu'un incendie ravagea complètement l'ancien Alcázar de l'époque arabe. En 1735, Philippe V, le premier roi Bourbon d'Espagne, chargea l'architecte italien Filippo Javarra de la construction du nouveau palais. Le Palacio Real fut continuellement occupé par la maison royale espagnole jusqu'à la fuite d'Alphonse XIII en 1931, avec une brève interruption sous l'occupation napoléonienne. La plupart des pièces du palais, transformé en musée, sont ouvertes au public depuis 1950, mais lors des occasions officielles, le palais est occupé, comme auparavant, par le roi Juan Carlos Ier et alors fermé au public. Au nord du palais s'étendent les **jardins de Sabatini** et à l'ouest le **Campo del Moro**. La façade principale du château donne vers le sud sur la **Plaza de la Armería**, d'où la grande entrée mène par un escalier super-

be dessiné par Sabatini vers l'étage principal. La visite d'environ 50 pièces de l'étage principal – des 2 000 que compte le château – n'est possible qu'accompagné d'un guide (visites guidées en français, anglais et allemand) et dure environ une heure. Seul un ensemble limité d'environ 15 pièces peut être visité sans guide (Voir Musées et galeries).

Plaza de Oriente
Métro: Opera
Lu-sa 9 h 30 – 17 h 15, di et jours fériés 9 h – 14 h 15; été lu-sa 9 h – 18 h 15, di et jours fériés 9 h 15 – 15 h
Tél. 542 00 59

La statue de Philippe IV sur la Plaza de Oriente

Le somptueux décor de la Salle du
Couronnement du Palacio Real:
un des points forts de la visite du
château

Parque del Oeste ◼ A1

Madrid n'est pas spécialement connue pour ses montagnes, mais la colline Príncipe Pío, dans le beau Parque del Oeste (parc de l'Ouest), à côté du Palais royal (Palacio Real), est le lieu le plus élevé de la ville. Depuis cette colline, où se trouve l'impressionnant **Templo de Debod**, on a une vue magnifique sur le Palais royal et ses jardins, le gigantesque parc de loisirs **Casa de Campo**, l'église **San Francisco el Grande**, et par temps dégagé, sur les lointaines montagnes de la Sierra de Guadarrama au nord.
Parque del Oeste
Métro: Argüelles

Parque del Retiro ◼ F3/F5

Le «Retiro», comme l'appellent les Madrilènes, est situé en plein cœur de la ville et ne constitue pas seulement, avec ses 140 hectares de zone verte et ses arbres centenaires, un poumon vert pour la ville et un lieu de détente pour ses habitants stressés. Il est en même temps un immense nœud de communication avec des événements culturels réguliers. L'entrée principale se trouve près de la Puerta de la Independencia. Les curiosités les plus importantes du parc sont le lac (Estanque), avec l'imposant monument équestre à Alphonse XIII de 1901, les deux palais d'expositions, le Palacio de Velázquez et le Palacio de Cristal, construit pour des expositions coloniales en style néo-Renaissance, la belle roseraie de Rosaleda ainsi que le superbe jardin à la française de Don Cecilio Rodríguez.
Métro: Retiro

TOPTEN 5

Plaza de la Cibeles ◼ E2/E3

Cette place est l'un des points centraux de Madrid et se trouve au croisement de l'axe nord-sud, Paseo de Recoletos/Paseo del Prado, et de l'axe est-ouest, Calle de Alcalá. Trois bâtiments intéressants entourent cette place bruyante de circulation. Le plus visible est la monumentale Poste centrale (**Palacio de Comunicaciones**), typique de l'architecture de la capitale espagnole de la fin du XIXe siècle et du début du XXe siècle. Les Madrilènes l'appellent par allusion à Marie «Nuestra Señora de las Comunicaciones» (Notre-Dame des Postes). Le vaste bâtiment de la **Banco de España** s'étend vers le Paseo del Prado et la Calle de Alcalá. Dans la banque sont exposées des œuvres de Goya, qui fit le portrait de l'un de ses directeurs, et entre autres de Mariano Salvador Maella, Daniel Vázquez Díaz, Joaquin Sorolla. En face de la Banco de España, au coin de la Calle de Alcalá/Paseo de Recoletos, se trouve le Palacio de Buenavista, de 1782, qui abrite aujourd'hui le ministère de la Défense.
Métro: Banco

Plaza de Colón ◼ F1

La place Colomb fut aménagée au début des années 70, lorsque les vieilles maisons et les palais du XIXe siècle trop délabrés furent démolis. La place fut agrandie vers le sud-est, où se trouvait jadis l'ancien hôtel des Monnaies, et recouverte des Jardines del Descubrimiento de América (Jardins de la Découverte de l'Amérique). Les quatre groupes sculptés, conçus par Joaquín Vaquero Turcios et installés en 1976, rappellent les lointaines expéditions de la grande puissance espagnole. La statue de Colomb, haute de 3 mètres, fut réalisée en

1885 par Jerónimo Sunol et occupait jadis le centre de la place. Elle fut déplacée vers le sud lors de l'aménagement de la place.
Métro: Colón

Plaza del Dos de Mayo

La «Place du 2 mai» est une petite place intime dans le vieux quartier madrilène de Maravillas (aussi appelé Malasaña), qui s'étend sur la Calle de Hortaleza, Carranza, Sagasta et San Bernardo. Les bars et cafés environnants ont tous quelque chose à offrir. Il y a les cafés typiquement littéraires, comme le «Commercial» à la Plaza de Bilbao, le «Café de Ruiz» dans la Calle de Bilbao ou le «El Parnasillo» et le «Café del Foro» dans la Calle San Andrès, mais aussi quantité de simples bars, fréquentés surtout par les jeunes.
Métro: Tribunal

Plaza de España 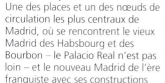 ■ B1/B2

Une des places et un des nœuds de circulation les plus centraux de Madrid, où se rencontrent le vieux Madrid des Habsbourg et des Bourbon – le Palacio Real n'est pas loin – et le nouveau Madrid de l'ère franquiste avec ses constructions monumentales autour de la place et dans la Gran Vía. Utilisée principalement à des fins militaires aux XVIIIe et XIXe siècles, en raison de la proximité du Palais royal, la place fut systématiquement entourée de logements et de commerces depuis les années 20. Deux constructions monumentales de l'ère franquiste ont définitivement marqué l'aspect de la Plaza de España: l'**Edificio España**, de 117 mètres de hauteur et la **Torre de Madrid**, de 124 mètres. Au milieu de cet impressionnant panorama est assis le poète Miguel de Cervantes, plongé dans ses pensées, devant un lourd socle en forme de tour, sur lequel des personnages allégoriques soutiennent le globe terrestre, tandis qu'en contrebas, Don Quichotte et Sancho Pança chevauchent vers de nouvelles aventures.
Métro: Plaza de España

Plaza Mayor ■ C4

La plus belle place de Madrid et d'Espagne après la Plaza Mayor de Salamanque a connu une histoire mouvementée. La première idée d'implanter une place centrale vient de Philippe II (1581), qui s'inspira sans doute de ses voyages dans les

La Plaza de Colón,
rendez-vous des jeunes

VIVRE À MADRID

Pays-Bas et chargea son architecte préféré, Juan de Herrera, maître d'œuvre de l'Escurial, de planifier la construction. La place fut construite relativement rapidement, de 1617 à 1619, sous Philippe III, selon les plans de Herrera, et servit ensuite à la ville non seulement de centre commercial mais aussi de scène aux événements les plus divers: la béatification de San Isidro en 1620 et la proclamation du roi Philippe IV en 1621, des pièces de théâtre, des tournois de chevalerie et des corridas mais aussi des exécutions et des bûchers. Les fenêtres et balcons des maisons servaient de loges, d'où l'on pouvait suivre les spectacles. La famille royale prenait part aux fêtes politiques et religieuses depuis les balcons, parmi lesquels se distingue particulièrement le balcon royal, avec l'inscription du nom de la place sous le grand écu. Des huit entrées en arcades qui donnent sur la place, l'Arco de Cuchilleros (Arcade des couteliers) sur le côté de la Carnicería, menant à la profonde Cava de San Miguel et parsemé de petits restaurants et tascas madrilènes, a conservé son aspect original.

Métro: Sol

Plaza de la Villa ■ B4

Ici se trouvait le centre de Madrid au Moyen Age. Aujourd'hui, après plusieurs restaurations, la place est un des plus beaux sites de la vieille ville. Au centre de la place, le monument de 1891 de Mariano Benlliure à l'Admiral Alvaro de Bazán (1526-1588) rappelle le «siècle d'or» de l'Espagne. L'hôtel de ville de Madrid, très représentatif, appelé **Ayuntamiento** ou **Casa de la Villa**, occupe la partie occidentale de la place depuis déjà 1644. Son aspect actuel, avec les deux portails, la décoration d'écus et les tours rappelant l'Escurial, date de 1690 et de 1771. Vers l'arrière, au sud de la place, se trouve la **Casa de Cisneros**, reliée depuis 1944 par un pont couvert à l'hôtel de ville, servant actuellement de siège a la mairie de Madrid. Face à l'hôtel de ville, sur le côté oriental de la place, s'élèvent la Casa et la Torre de Lujanes (Maison et Tour de Lujanes). Ce palais de la fin du Moyen Age en gothique isabellin (XVe-XVIe siècles), avec son portail orné des armes de la famille est surtout célèbre pour avoir servi un temps de prison à François Ier, enfermé ici par Charles Quint après

TOP TEN 3

Rendez-vous sur la Plaza Mayor

L'imposante statue de 3 mètres de Colomb

sa défaite à Pavie (1525).
Métro: Opéra

Puente de Segovia

Le plus vieux et plus impressionnant pont de Madrid. Philippe II le fit construire en 1582, en remplacement d'un vieux pont de bois, pour permettre une liaison durable, sûre et confortable entre la capitale et l'Escurial.
Glorieta de Segovia
Bus: 25, 31, 41

Puente de Toledo ■ B6

Le pont de Tolède est une construction caractéristique du baroque madrilène. Il fut édifié entre 1718 et 1732 sous le premier roi Bourbon d'Espagne, Philippe V. L'architecte en était Pedro de Ribera. Il orna le milieu du pont sur ses deux côtés de dais imitant la forme des armes du roi, qui encadrent le saint patron de la ville, Isidro et sa femme María de la Cabeza. Du pont de Toledo, on arrive directement à la Puerta de Toledo (porte de Tolède) et à la Calle de Toledo.
Glorieta de las Piramides
Métro: Piramides

Puerta de Alcalá ■ F2

En lieu et place de l'arc baroque simple que Philippe III avait fait ériger en 1599 pour commémorer l'entrée de sa femme Marguerite d'Autriche, Charles III fit construire cet ouvrage somptueux par son architecte Francisco Sabatini pour tenir lieu de porte orientale à la ville. Cet arc classicisant, fait de pierres de taille de granit, repose sur dix colonnes romaines et possède de trois arcades rondes et deux ouvertures rectangulaires à ses extrémités droite et gauche.
Plaza de la Independencia
Métro: Retiro

Puerta del Sol ■ D3

Jadis se dressait ici la «Porte du Soleil», une des portes principales de Madrid, qui fermait l'enceinte de la ville en direction du levant et de Guadalajara. Elle fut démolie en 1570, alors que la ville ne cessait de s'étendre. Ici éclata le 2 mai 1808 l'insurrection de la population de Madrid contre les troupes d'occupation de Napoléon. Aujourd'hui, la Puerta del Sol est l'un des lieux et des nœuds de circulation les plus animés de Madrid. Le plus vieux

Ils font partie du quotidien de Madrid:
les cireurs de chaussures.

bâtiment de la place est l'ancienne **Casa de Correos**, le siège central de la poste, construit en 1766 sous Charles III sur les plans de Jaime Marquet. Il est construit sur un plan carré avec deux cours intérieures entourées d'arcades. Les lignes classiques de ses façades laissent deviner que l'architecte était français. La Deuxième République fut proclamée en 1931 du haut du balcon au-dessus de l'entrée principale. La tour d'horloge ne fut ajoutée qu'en 1854, de même que l'armature de fer dans laquelle le globe «d'or» annonce chaque année aux Madrilènes amassés sur la place à la Saint-Sylvestre l'arrivée de l'an nouveau. Le bâtiment abrite aujourd'hui le siège de l'administration de la circonscription de Madrid.
Métro: Sol

Puerta de Toledo ■ B6
Avec la Puerta de Alcalá, la seule porte de Madrid conservée jusqu'à nos jours. Conçu au départ pour Napoléon, cet arc de triomphe de 1817 d'Antonio López Auquado célébra la libération de Madrid et le retour de Ferdinand VII à la fin de la période espagnole. Juste à côté a été récemment construit un centre commercial du même nom, où sont souvent organisées des manifestations culturelles.
Métro: Puerta de Toledo

Real Fábrica de Tapices
Que vous vouliez seulement voir comment on tisse une tapisserie à la main, en acheter une (un mètre carré coûte environ 16 000 BEF/ 2 500 FF), ou faire réaliser un tapis d'après votre propre carte de visite, ce qui est bien sûr encore un peu plus cher, une visite à la manufacture royale de tapisseries vous laissera toujours un souvenir particulier.

Non loin de la gare Estación de Atocha, vous pourrez admirer dans ce bel immeuble ancien les tisserands assis derrière de grands métiers à tisser réalisant avec des centaines de bobines de soie des tapisseries aux splendides couleurs, dont le dessin est reproduit sur des «Cartones». En fonction du dessin et de la finesse, un artisan aura parfois besoin de trois mois par mètre carré pour réaliser une nouvelle tapisserie. On ne produit ici pas seulement de nouvelles tapisseries, on restaure aussi les anciennes. Certaines œuvres sont exposées dans les pièces voisines. La fabrique de tapisseries, qui occupe actuellement 60 personnes, existe depuis 1721, et Goya peignit même de superbes «Cartones» pour elle, que l'on peut admirer maintenant au Prado.
C/. de Fuenterrabia 3
Métro: Menéndez Pelayo
Tél. 551 34 00
Lu-ve 9 h – 12 h 30

Las Salesas Reales (Santa Bárbara) ■ E1
Bárbara de Bragança, épouse de Ferdinand VI, fit construire en 1750-1757 le Convento de la Visitación de las Salesas Reales (Couvent de la Visitation des Saliennes Royales) et l'église sur les plans de Francisco Carlier, pour s'y retirer après son veuvage, mais mourut deux ans avant son mari. Seule demeure aujourd'hui l'église, exemple représentatif du baroque espagnol des Bourbon d'Espagne, abritant la tombe du couple royal. L'ancien couvent sert depuis 1870 de palais de justice. Il fut doté d'une façade néo-baroque côté **Plaza de la Villa de París** en 1926, après un incendie. Les fresques dédiées aux fondateurs de l'ordre et à Marie sur le revêtement de la cou-

pole, le maître-autel de marbre vert de Grenade orné du relief de la *Visitation* de Francesco de Mura et surtout les tombeaux du couple royal laisseront une forte impression.
Plaza de las Salesas
Métro: Colón

San Andrés ■ B5

Cette église se trouve dans un quartier très pittoresque de Madrid et forme un ensemble architectural avec la Chapelle de San Isidro (Capilla de San Isidro) et la chapelle épiscopale (Capilla del Obispo). Suite à un incendie durant la guerre civile (1936), il ne reste malheureusement que peu de traces du précieux mobilier et des décorations de l'église. La Capilla del Obispo, uniquement accessible depuis la Plaza de los Carros, bien que possédant un mur commun avec la partie nord de l'église San Andrés, donne une bonne impression de cet ensemble de bâtiments.
Les portes Renaissance de la chapelle épiscopale ainsi que le magnifique maître-autel renaissant, un chef-d'œuvre du plateresque, sont admirables.
Tous sont l'œuvre de Francisco Giralte, de même que les deux tombes de Francisco de Vargas (1524), conseiller d'Isabelle la Catholique et de Charles Quint, et de sa femme Inés de Carvajal, à gauche et à droite de l'autel. Francisco Giralte lui-même fut enterré en 1576 dans cette chapelle, le meilleur exemple à Madrid du gothique isabellin.
Plaza de Andrés 1
Métro: La Latina

San Antonio de los Alemanes ■ D2

L'église n'est pas facile à trouver, mais la recherche en vaut la peine. Elle fut construite en 1624 d'après les plans du jésuite Pedro Sánchez à côté d'un hôpital pour Portugais, que Philippe III avait fait construire en 1606; c'est pourquoi on l'appelle également «San Antonio de los Portugueses».
Lorsque l'Espagne se sépara du Portugal, Marie-Anne d'Autriche, seconde épouse de Philippe IV,

STOP

Les oasis de verdure de la ville. L'accueillant «poumon vert» de Madrid et zone de détente numéro un, le **parc du Retiro** (F3/F5), vaut particulièrement le détour le dimanche. Le **Parque del Oeste** (A1), au nord de la Puerta del Sol, est de plus en plus populaire. Magnifique promenade à travers le «Paseo Rosales». La **Casa de Campo** est un but d'excursion très prisé des familles madrilènes, qui y font griller leur côtelette de mouton ou fristouiller la paëlla. Belles balades en barque sur le lac au milieu du parc. L'ancien jardin d'agrément de la Comtesse d'Osuna, le **Parque del Caprichio**, se situe sur la route de l'aéroport de Barajas. Il est restauré avec amour et invite à la promenade, en particulier pour ses arbres splendides.

plaça l'hôpital sous son patronnage personnel et le confia aux Allemands habitant Madrid. Derrière un extérieur relativement discret se cache un joyau du baroque. Les murs et la coupole ont été décorés de fresques principalement inspirées de la vie de saint Antoine par Francisco Ricci, Juan Carreno et Luca Giordano.
C/. de la Ruebla 22
Métro: Callao

San Francisco el Grande ■ A5/B5

La construction de la plus grande et plus représentative église madrilène commença en 1761 sur les plans du franciscain Francisco de las Cabezas. Comme la construction de la coupole d'un diamètre de 33 mètres posait des difficultés – elle est plus grande que la coupole du dôme des Invalides à Paris et de la cathédrale Saint-Paul à Londres – Charles III confia en 1776 la direction des travaux à son architecte favori, Francisco Sabatini. On lui doit la construction de la façade et de la rotonde. Elle fut achevée en 1785 et nommée en 1837, suivant l'exemple romain, Panteón Nacional et dernier repos de nombreux Espagnols célèbres, parmi lesquels Juan de Villanuevas et Ventura Rodríguez. Il faut particulièrement admirer le grand tableau d'autel «Les prédications de saint Bernard» de Goya (1ère chapelle à gauche), avec un autoportrait sur le rebord droit du tableau, qui procura son premier succès public en tant que peintre madrilène au jeune Goya, âgé alors de 34 ans. Autre œuvre à voir: l'«Immaculata» de Mariano Salvador Maella (1ère chapelle à droite).
Plaza de San Francisco
Métro: La Latina
Temporairement fermé pour cause de rénovation

San Isidro el Real ■ C4

Cette église jésuite encastrée dans une rangée de maisons fut commencée en 1626 par le jésuite Pedro Sánchez et achevée en 1664

Dernière demeure de nombreux Espagnols célèbres - San Francisco el Grande

par l'architecte Francisco Babtista, qui s'inspira de l'église jésuite romaine «Il Gesú». Après l'expulsion des jésuites par Charles III, l'église fut remaniée par Ventura Rodríguez et dédiée en 1768 à saint Isidore, le saint patron de la ville. Ferdinand VII (1816-1823) rendit l'église aux jésuites. A la fondation de l'évêché de Madrid-Alcalá en 1885, l'édifice reçut provisoirement le titre de cathédrale, jusqu'à ce que la nouvelle cathédrale (voir Catedral de la Almudena) en face du Palais royal soit terminée.
C/. de Toledo 37-39
Métro: La Latina

Templo de Debod ■ A1

La colline Montaña del Príncipe Pío dans le Parque del Oeste est l'endroit idéal pour mettre en valeur le temple égyptien de Debod. Le temple de Debod fut démonté en 1960-1961 et reconstruit ici pierre par pierre en 1971, en remerciement du gouvernement égyptien à l'Espagne pour l'aide apportée lors des opérations de sauvetage, dans la zone inondée d'Assouan. Le cœur du temple, une chapelle dédiée au dieu Amon de Debod, fut construit au IVe siècle avant J.-C. par le roi nubien Azechramon, alors que l'on attribue à Ptolémée VI et à son épouse Cléopâtre II (172-170 avant J.-C.) l'achèvement du temple dans son aspect actuel.

Le Templo de Debod – cadeau du gouvernement égyptien

Le triangle d'or de Madrid – le Prado, le musée Thyssen et le Reina Sofía – justifie à lui seul le voyage. Mais il y a d'autres musées intéressants...

Il y a à Madrid plus de 50 musées et plusieurs semaines ne suffiraient pas pour les visiter tous. L'éventail présente des musées sur l'archéologie, l'ethnologie, l'histoire urbaine, militaire, les Beaux-Arts, les tapis, les cloîtres et la tauromachie aux grandes collections de peinture. Avec du recul, toutefois, trois grands musées sont à voir en priorité et sortent du lot: le **Prado**, le **musée Thyssen** et les collections du **Reina Sofía**.

Celui qui ne passe que peu de temps à Madrid ou ne s'intéresse que modérément aux musées devrait au moins visiter le Prado, car ce musée vaut à lui seul le voyage.

Le Museo Arqueológico et le Palacio Real sont aussi deux musées extrêmement intéressants que l'on doit absolument se donner le temps de voir. Comme des changements dans les heures d'ouverture peuvent survenir ainsi que des fermetures temporaires pour cause de rénovation, il est conseillé de se procurer le guide hebdomadaire «guía del ocio», disponible dans tous les kiosques à journaux et qui contient toutes les informations mises à jour à ce sujet. Presque tous les musées sont fermés le lundi.

Les prix d'entrée vont de 200 à 400 pesetas, avec des réductions pour les étudiants, les groupes, les écoliers et les personnes retraitées.

Beauté anonyme du Prado

Musées

**Museo Arqueológico Nacional
(Musée Archéologique National)**
■ F1/F2

Ce musée, fondé en 1867 par Isabelle II, offre un panorama intéressant de l'histoire du peuplement et de la culture espagnols, de la préhistoire au XIXe siècle. Avant de pénétrer dans le musée, jetez un coup d'œil, dans le jardin à l'avant du musée, sur la reconstitution des grottes d'Altamira, réalisée par le Deutsches Museum de Munich. Les peintures rupestres rouges et ocre représentant des chevaux et des taureaux, découvertes en 1879 dans la province de Santander et vieilles de 15 000 ans y sont fidèlement reproduites. Le joyau du musée est la «Dame d'Elche», un buste en calcaire grandeur nature du Ve siècle avant J.-C., découvert en 1897 à Elche, dans la province d'Alicante, et considéré depuis comme le symbole de l'Espagne antique. Il est exposé dans la salle 20. Le visage sévère, d'une beauté classique, de la Dame est entouré d'une lourde parure d'aspect oriental et à son cou pendent des bijoux précieux apparemment phéniciens. La cavité à l'arrière de la statue donne à penser qu'elle fut peut-être utilisée comme urne funéraire d'une dame noble.

Dans le sous-sol du musée sont exposées dans les salles 1 à 12 des découvertes archéologiques préhistoriques de la péninsule ibérique, des Baléares, des Canaries et du Sahara Occidental, jusqu'à l'âge du bronze (vers 500 avant J.-C.). A l'étage supérieur sont représentés des objets artisanaux datant d'après le Moyen Age, espagnols pour la plupart: céramique, argenterie de la Fabrique Royale de Madrid des XVIIe-XIXe siècles, armes et accessoires, verre, cristal français et chaises à porteurs du XIXe siècle.
C/. de Serrano 13
Métro: Serrano
Ma-sa 9 h 30 – 20 h 30, di 9 h 30 – 14 h 30, fermé lu

Vestige de l'occupation romaine: mosaïque au museo Arqueológico

Le Prado: Eldorado des jeunes artistes

VIVRE À MADRID

Museo de Carrozas (Musée des Carrosses) ■ A3/B3

Plus de 50 moyens de transport royaux sont exposés dans ce pavillon construit en 1976 derrière le Palacio Real, du fiacre tiré par des chevaux aux premières automobiles. L'objet le plus ancien est la «Chaise à porteurs de Charles Quint», qui servit de fauteuil portable à l'empereur miné par la goutte. Il faut également voir les «carrosses noirs» de Jeanne la Folle, des voitures des XVIIIe et XIXe siècles et un carrosse officiel d'Alphonse XIII, abîmé par l'attentat de 1906.
Campo del Moro, entrée Paseo Virgen del Puerto
Métro: Opéra
Lu-sa 10 h – 13 h 45, di 9 h – 14 h 45

Museo del Ejército (Musée de l'Armée) ■ F3

Ici, dans le seul bâtiment encore existant de l'ancien palais du Retiro de 1632, furent regroupés en 1929 les différents musées de l'armée créés depuis le XVIIIe siècle (à l'exception du musée de la marine (voir Museo Naval). Le musée héberge la plus importante collection d'armes après l'Armería Real (voir Palacio Real) et contient 27 000 instruments de guerre de différents types d'armes (artillerie, cavalerie, infanterie) ainsi que des uniformes, des drapeaux, des trophées, etc. – et comme point d'orgue l'épée du Cid, le héros national castillan qui vainquit les Maures et dont les actes sont entrés dans la littérature européenne.
C/. Méndez Nuñez 1
Métro: Banco
Ma-sa 10 h – 14 h

Museo de las Figuras de Cera ■ E1/F1

Dans le musée de cire de la Plaza Colón, on peut côtoyer les grands d'hier et d'aujourd'hui. Ici est entre autres représentée la «Fusillade du 3 mai 1808» de Francisco Goya (Prado), ainsi que le célèbre écrivain espagnol Miguel de Cervantes (1547-1616), rédigeant son épopée «Don Quichotte».
Paseo de Recoletos 41
Métro: Colón
Tous les jours 10 h 30 – 14 h et 16 h – 21 h

Museo de Jamón (Musée du Jambon) ■ D3

Incroyable mais vrai, il y a même un musée du jambon à Madrid. On n'y trouve toutefois pas de vieux jambons couverts de la poussière des siècles, mais bien toutes les sortes des meilleurs jambons séchés à l'air. Ce musée vaut toujours la peine d'être visité, et si l'on a faim, on ne sera pas déçu par les dégustations de jambon et de petits pains au jambon. Il existe six autres de ces musées, entre autres sur la Gran Vía et dans la Calle de Alcalá.
Carrera de San Jerónimo/environs de la Puerta del Sol
Mêmes heures d'ouverture que les magasins

Museo Lázaro Galdiano

Le palais, avec ses quatre étages et ses 37 salles, est une fondation du financier José Lazaro Galdiano. Il fut ouvert au public en tant que musée en 1951. Il contient une vaste collection de tableaux ainsi que quantité d'objets d'art mineur: objets précieux de l'Antiquité au XIXe siècle, outre les tableaux, sculptures, statuettes de bronze, ivoires sculptés, émaux, orfèvrerie et argenterie, somptueux vêtements de culte, mobilier historique, armes,

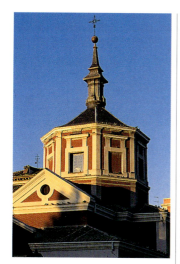

Hôpital jadis, musée aujourd'hui:
Museo Municipal

tapisseries de Bruxelles et bien d'autres choses. La section «Art anglais», est intéressante parce que peu courante en Espagne, avec des œuvres de John Constable, Thomas Gainsborough, John Hoppner, etc. La Pinacothèque est particulièrement remarquable: les œuvres «Autoportrait» de Pedro Berruguete, «Saint Jean Baptiste méditant» peint par Jérôme Bosch en 1504, ainsi que quelques tableaux de Francisco de Goya, notamment les «Scènes de sorcellerie» (1797-1798), réalisées selon le modèle thématique des «Caprichos».
C/. Serrano 122
Métro: Avda de América
Ma-di 10 h – 14 h

Museo Municipal ■ D1
Le Musée municipal, situé depuis 1924 dans l'ancien hôpital de San Fernando avec sa belle façade baro-

que de Ribera, montre le développement de la ville de Madrid de la préhistoire au XIXe siècle à l'aide de maquettes, de plans, de gravures, de dessins et de tableaux. La vie urbaine, principalement au XVIIIe siècle, est également bien documentée par des ouvrages d'orfèvrerie, des porcelaines, des tapisseries, des chaises à porteurs, etc. Le tableau de Goya, «L'Allégorie du 2 mai», de 1809, réalisé sur une commande de Joseph Bonaparte comme hommage de Madrid au nouveau maître, mais transformé par l'addition de «Dos de Mayo» en symbole de la résistance aux troupes napoléoniennes, mérite une attention particulière.
C/. de Fuencarral 78
Métro: Tribunal
Tous les jours 10 h – 14 h et 17 h – 21 h, di 10 h – 14 h, fermé lu et jours fériés

Museo Nacional Centro de Arte Reina Sofía ■ E5/E6
Ce musée national fut inauguré officiellement par le couple royal en 1992, après de coûteuses transformations de ce bâtiment, hôpital à l'origine, dont l'extérieur est marqué par trois tours d'ascenseurs de verre et d'acier. Les collections du Reina Sofía ont deux provenances: les collections de l'ancien «Museo Español de Arte Contemporáneo» et les acquisitions propres, parmi lesquelles se trouvent les tableaux du Prado du XXe siècle et surtout le chef-d'œuvre de Picasso, «Guernica», qui était conservé jusqu'en 1992 dans une annexe du Prado, le «Casón del Buen Retiro». Ce tableau mondialement célèbre de Picasso est l'attraction principale du Reina Sofía. Le peintre, âgé alors de 43 ans et exilé à New York, dépeignit de façon surréaliste la catas-

TOP TEN 10

trophe et l'ambiance de fin du monde qui régna dans la ville de Guernica après l'attaque aérienne du 26 avril 1937 par les avions allemands de la légion Condor. Le centre abrite en outre des œuvres majeures de Dalí et de Miró et héberge régulièrement des expositions itinérantes extrêmement importantes.
C/. de Santa Isabel 52
Métro: Atocha
Lu-sa 10 h – 21 h, di 10 h –
14 h 30, fermé ma

Museo Nacional de Etnología ■ F6

Il fut fondé en tant que musée anthropologique par Pedro Gónzalez Velasco et inauguré par le roi Alphonse XII en avril 1875 dans un élégant bâtiment néo-classique (de Francisco de Cuba), avec pour toit une audacieuse construction de verre et d'acier. Il contient une intéressante collection d'objets de cultures primitives de cinq continents, surtout des anciennes possessions espagnoles, et une remarquable bibliothèque ethnologique.
C/. Alfonso XII 68
Métro: Atocha
Ma-sa 10 h – 18 h, di 10 h – 14 h

Museo Naval
(Musée de la marine) ■ E3

Instauré sous Isabelle II en 1843 et logé depuis 1931 au premier étage du ministère de la Marine. Il évoque le prestigieux passé de l'Espagne. On peut aussi admirer la première carte du Nouveau Monde, dessinée sur parchemin en 1500 par Juan de la Coza.
Paseo del Prado
Métro: Banco
Ouvert tous les jours 10 h 30 –
13 h 30, fermé lu

Museo Palacio Real ■ A3/B3

Depuis 1950, une grande partie du palais royal espagnol est ouverte au public en tant que musée, mais lors des occasions officielles, le roi Juan Carlos Ier redevient propriétaire des lieux et le musée est fermé. Au

Tableau de Dalí au Centro Nacional de Arte Reina Sofía

nord du Palacio de calcaire blanc, se trouvent les **jardins de Sabatini**, tandis que vers l'ouest s'étend le parc **Campo del Moro** qui va jusqu'aux rives du Manzanares.

8

Le palais lui-même est pratiquement rectangulaire. Sa façade principale donne sur la **Plaza de Oriente**, avec le monument au roi Philippe V. Lors des visites, environ 50 pièces de l'étage principal (des 2 000 que compte le palais) sont montrées aux visiteurs. La visite est obligatoirement guidée (possibilités de visite en anglais) et dure à peu près une heure.

Les plafonds peints de la **Salle du Trône** et du **Salón de Alabarderos**, ainsi que la **chapelle** et les quatre **salles d'apparat** du château sont particulièrement remarquables. A voir également le musée de tapisserie, **Museo de Tapices**, avec sa collection unique de tapisseries, la **Bibliothèque royale**, avec plus de 300 000 volumes anciens, des ouvrages de musique, des cartes géographiques, des gravures et des manuscrits anciens, une importante collection de monnaies et de violons Stradivarius.

Lors d'une visite complète du Palacio Real, il ne faut pas oublier de passer à la pharmacie royale, **Real Oficina de Farmacía**, où l'on peut voir la reproduction d'une «cuisine d'alchimiste» du XVIIe siècle, et à l'armurerie royale, Armería Real, avec l'armure d'apparat de Charles Quint.

Plaza de Oriente
Métro: Opera
En été lu-sa 9 h – 18 h 15, di et jours fériés 9 h 15 – 15 h
Sinon lu-sa 9 h 30 – 17 h 15, di et jours fériés 9 h – 14 h 15

Museo del Prado ■ E4

Le Prado renferme plus de 5 000 tableaux, plus de 400 sculptures, d'innombrables dessins et gravures. Même celui qui ne s'y connaît pas particulièrement en art ne devrait pas manquer de voir les œuvres suivantes au cours d'une visite de deux à trois heures: dans l'entrée principale se dresse la sculpture en bronze de Leone Leoni, présentant Charles Quint en vainqueur des Turcs. Dans la section des primitifs flamands ressortent la «Descente de Croix» de Rogier van der Weyden et le tryptique de Jérôme Bosch «Le Jardin des Délices», de même que les «Trois Grâces» de Rubens, particulièrement bien représenté dans les collections du Prado, car il était aussi diplomate à la cour de Philippe IV. Des peintres allemands, on notera surtout Dürer, avec son autoportrait et «Adam et Eve». Des peintres italiens, «Le Cardinal» de Raphaël, Le Titien, peintre de cour de Charles Quint et de Philippe II avec son autoportrait et le célèbre «Charles Quint à la bataille de Mühlberg» sont particulièrement remarquables. Mais les œuvres de Botticelli, Antonella de Messina, Fra Angelico et le Corrège valent également la visite.

Le point fort est toutefois constitué par la section consacrée à **l'école espagnole**, au premier plan El Greco, Velázquez et Goya. De El Greco, il faut surtout voir «Le chevalier posant sa main sur son cœur», «La Résurrection» et «Pentecôte». Le plus grand peintre d'Espagne est toutefois Diego Velázquez (1599-1660), qui fut honoré d'un monument devant le Prado. Ses chefs-d'œuvre sont «Les Lances ou la Reddition de Breda» et surtout «Las Meninas» ou «La famille de Philippe IV». Les tableaux de

TOPTEN
1

VIVRE À MADRID

Francisco Goya (1746-1828), qui commença sa carrière en peignant des cartons et devint plus tard le peintre de cour de Charles IV, sont presque aussi importants. Le Prado en possède 122. Ses deux «Mayas», la vêtue et la nue, sont bien sûr particulièrement célèbres.

L'amateur de peinture espagnole du XIXe siècle se doit de visiter le **Casón del Buen Retiro**, ancienne salle de bal de la résidence d'été, à 200 mètres du Prado dont il fait toutefois partie. Ici sont exposés des tableaux appartenant aux écoles du réalisme, de la peinture historique et à l'impressionnisme, avec des peintres comme Madrazo, Vicente Lopez, Regoyos, Sorolla.
Paseo del Prado
Métro: Banco, Retiro
Ma-sa 9 h – 19 h, di et jours fériés 9 h – 14 h; fermé lu, 25 décembre, 1er janvier, Vendredi saint et 1er mai

Museo de la Real Academia de Bellas Artes de San Fernando (Musée de l'Académie royale des Beaux-Arts de San Fernando) ■ D3
Goya, directeur de la section peinture de l'Académie depuis 1795, lui a légué ses œuvres les plus importantes. Parmi elles, un autoportrait du peintre à 69 ans ainsi que des œuvres à connotation sociale et critique de 1812-1814. A côté de tableaux moins importants du Corrège, de Fragonard et de Rubens, on trouve ici des œuvres de peintres espagnols comme Murillo, Zurbarán et Ribera.
C/. de Alcalá 13
Métro: Sevilla
16 juillet au 15 septembre, ouvert tous les jours 9 h – 15 h; en hiver ma-ve 9 h – 17 h, sa, di, lu 9 h – 15 h

Le Prado: l'une des plus imposantes collections de tableaux au monde

Museo de la Real Monasterio de las Descalzas Reales (Musée du Couvent Royal des Carmes déchaussées royales) ■ C3

Deux chefs-d'œuvre méritent particulièrement d'être admirés dans le couvent fondé en 1559 et servant depuis des siècles de refuge religieux et de résidence aux femmes de la Maison des Habsbourg d'Espagne. Le premier est le cycle de 14 tapisseries réalisées à Bruxelles entre 1625 et 1628 sur une commande d'Isabelle Clara Eugenia, fille de Philippe II, d'après des cartons de Rubens. Elle célèbre le lien étroit entre l'Eglise et l'Etat sous le signe de l'eucharistie et se trouve dans l'ancien dortoir des nonnes. Le second est la précieuse collection de peintures flamandes du XVIe siècle dans la salle du musée, entre autres le «Denier» du Titien.

Plaza de las Descalzas Reales 3
Métro: Sol
Tous les jours 10 h 30 – 13 h 30 et 16 h – 17 h 30, fermé lu et ve après-midi

Museo Sorolla

Le musée a été fondé par les héritiers du peintre Joaquin Sorolla de Valence (1863-1923). Il fut ouvert en 1932 dans la villa construite par Sorolla lui-même. Près de 300 tableaux de Sorolla sont exposés. Il renouvela la peinture espagnole et joua comme un virtuose avec la lumière à la façon des impressionnistes.

Paseo del General Martínez Campos 37
Métro: Rubén Dario
Ma-sa 10 h – 14 h

Museo Taurino (Musée de la Tauromachie)

Pour pénétrer dans les coulisses de ce spectacle venu de la nuit des temps espagnols, il faut visiter le musée de la tauromachie, ouvert en 1951 à l'arrière des arènes. Il donne une bonne idée de l'importance de la tauromachie dans la vie publique espagnole aux XIXe et XXe siècles, expose des pièces d'habillement et d'équipement de toréros célèbres comme des épées, des costumes, des poignards, des muletas et des amulettes, la tête de taureaux célèbres, ainsi que des affiches, des dessins, des aquarelles et des photos.

S'y trouve aussi une copie du célèbre portrait de Costillares par Goya, de son vivant «aficionado» des corridas comme le furent plus tard Picasso ou Hemingway.

Plaza Monumental de Las Ventas
Métro: Ventas
Ma-ve, di 9 h – 14 h,
fermé lu et sa

Museo Thyssen-Bornemisza ■ E3/E4

Le musée Thyssen, ouvert en 1993 et installé dans le palais classicisant Villahermosa, contient dans 50 salles sur trois étages une excellente collection de tableaux du début de la Renaissance à l'époque contemporaine. Cette collection s'appelle «musée Thyssen» parce que le baron allemand Thyssen, propriétaire de grandes aciéries, a légué au musée et donc à l'Etat espagnol la plupart des 800 œuvres exposées ici.

Paseo del Prado 8
Métro: Banco
Ma-sa 10 h – 19 h, fermé lu

TOPTEN
4

VIVRE À MADRID

Galeries

Fundación Juan March

Ici furent exposées pour la première fois des œuvres de Braque, Klee ou Bacon. La fondation possède également une superbe collection propre.
C/. de Castelló 77
Métro: Nuñez de Balbao
Lu-sa 10 h – 14 h et 17 h 30 – 21 h

Galeria Juana de Aizpuru   ■ E1

Présente principalement des œuvres de jeunes peintres madrilènes encore peu connus.
C/. Barquillo 44
Métro: Alonso Martínez
Tous les jours 10 h – 14 h et 16 h – 20 h

Galeria Juana Mordó   ■ F2

Une des plus anciennes galeries de Madrid. Influence l'art espagnol contemporain, le groupe d'artistes «El Paso» expose ici.
C/. de Villanueva 7

Métro: Retiro
Tous les jours 10 h – 13 h 30 et 16 h – 20 h

Galeria Kreisler

Une galerie d'art traditionnelle.
C/. de Hermosilla 8
Métro: Serrano
Tous les jours 10 h – 14 h et 16 h – 21 h, di 10 h – 14 h

Juan Gris

Splendides expositions, également d'artistes inconnus.
C/. Villanueva 22
Métro: Príncipe de Vergára
Lu-sa 11 h – 14 h et 17 h 30 – 22 h 30, fermé lu matin

Ouorum

Une des plus importantes galeries de Madrid.
C/. Costinilla de los Angelos 13
Métro: Santo Domingo
Lu-sa 10 h – 14 h et 18 h 30 – 21 h 30,
fermé lu matin

STOP

Museo Panteón de Goya (Ermita de San Antonio de la Florida). La petite chapelle de San Antonio de la Florida, dans un agréable quartier aux abords du Manzanares, pèlerinage apprécié des Madrilènes, est surtout célèbre pour les fresques dont Goya décora la coupole. En 1798, sur commande de Charles IV, Goya peignit durant 120 jours, avec des couleurs claires, principalement bleues et ocre, la fresque «L'apparition miraculeuse de saint Antoine à Lisbonne». Ces superbes fresques sont une tentative de «représenter le miracle d'une façon qui le déglorifie» et de montrer au travers de thèmes religieux les antagonismes sociaux de cette époque. Glorieta de San Antonio de la Florida, Métro: Norte, lu-ve 10 h – 13 h et 16 h – 19 h, sa et di 9 h – 13 h

Tapas, poisson ou ragoût madrilène: le cocido madrileño, la métropole espagnole peut offrir beaucoup de spécialités aux gourmets.

A Madrid comme partout en Espagne, on prend son temps pour manger. Le petit déjeuner – rarement avant neuf heures – est comme dans beaucoup de pays du Sud, plutôt modeste; celui qui veut prendre un petit déjeuner copieux doit se rendre dans l'une des nombreuses cafeterias. Seuls les **croissants** sont étonnamment bons, mais les trois variantes classiques du café espagnol – **solo, cortado** (avec une goutte de lait) ou **con leche** (café au lait) – sont véritablement à recommander.

Le déjeuner n'est normalement servi en Espagne qu'à partir de 14 heures. Le Madrilène ne dîne que rarement avant 22 heures – 21 heures 30 est donc pour les touristes une bonne heure pour sortir et aller manger, parce qu'ils trouveront encore sans peine une table libre dans la plupart des restaurants. On ne sera toutefois généralement plus accepté dans un restaurant après minuit, même à Madrid, mais il y a bien sûr des exceptions. Pour celui qui ne veut pas se contenter des habituels menus pour touristes, le **restaurante típico**, une des nombreuses **tascas**, ou un simple établissement avec les plats typiques,

les «platos regionales» est l'idéal. A Madrid, les prix pour un déjeuner ou un dîner sont tout à fait acceptables. Le pain et le vin sont toujours compris dans le prix des menus souvent bon marché. Le service est aussi souvent compris dans la note, mais il est toutefois habituel de donner 5 à 10 % de pourboire.

Tapas, entremeses et autres délices

Les tapas espagnoles sont à recommander à celui qui n'a pas d'appétit pour un menu copieux: amuse-gueule pouvant être préparés à base de coquillages, de crevettes, de calamars, de rognons grillés, de pâtés, de légumes marinés, de pieds de porc, de caviar, de civelles du Guadalquivir ou tout simplement d'olives. Les différentes sortes de tapas sont exposées au comptoir du restaurant et on peut les choisir sans connaître l'espagnol et sans menu en les montrant simplement du doigt.

Lors d'un déjeuner ou dîner à Madrid, il faut au moins une fois commander les délicieux **entremeses**, offerts en ouverture de chaque menu. Sur la carte des entrées on trouve saucisse, jam-

Indispensable: le petit verre
de sherry avec les tapas

œufs occupent également une place de choix dans la cuisine espagnole: il n'y a pas de légume, de poisson ou de viande qui ne puisse aussi entrer dans les ingrédients d'une **tortilla**.

On trouvera à Madrid aussi bien des **almejas a la marinera** (palourdes) avec une sauce à base d'oignon, d'ail, de vin blanc, de jus de citron, de persil haché, de poivre et de tilleul que des **angulas** (anguilles), un classique devenu malheureusement assez cher sur de nombreux menus. C'est précisément à Madrid que le **besugo a horno** (daurade) est devenu un plat standard.

Lorsque l'on parle des spécialités de la métropole espagnole, il ne faut pas manquer de parler des **callos de ternera a la madrileña**, les tripes de bœuf ou abats à la madrilène. Les **callos** sont représentatifs du grand nombre de plats de veau, de bœuf ou de porc.

bon, sardines, thon, olives, tomates et autres. Ici commence déjà la joie de la découverte. On peut aussi commander un **jerez** bien frais, le fameux sherry espagnol, qui doit son nom à la ville de Jerez, avec lequel il faut déguster quelques olives noires ou vertes.

La célèbre potée de Madrid, le **cocido madrileño**, dépasse également le niveau d'un menu moyen. Il contient de la viande, de la volaille, de la saucisse, des pommes de terre, des pois chiches, du lard et encore bien d'autres ingrédients. Le **gazpacho**, une soupe de légumes piquante servie froide et qui aurait été introduite par les Maures qui avaient autrefois conquis l'Andalousie, est particulièrement apprécié l'été. Les

Classes de prix

Les prix se rapportent à un menu, boissons et pourboires non compris. Classe de luxe: à partir de 12 000 pesetas Classe de prix élevée: 6 000 - 12 000 ptas Classe de prix moyenne: 2 500 - 6 000 ptas Classe de prix inférieure: au-dessous de 2 500 ptas

Décor Art nouveau pour le café El Espejo.

Restaurants

Alkalde ■ F1

Restaurant basque, où l'on peut déguster une soupe de poisson exceptionnelle. Délicieux également le dessert appelé «natillas», une crème à base d'œufs, de lait et de sucre.
C/. de Jorge Juan 10
Métro: Serrano
Tél. 576 33 59
Fermé le sa soir et di en août
Classe de prix élevée

El Bodegón

Carte variée, qui met l'eau à la bouche.
Raviolis de légumes à la sauce aux champignons, filet avec cinq sauces au poivre différentes ...
En choisissant les plats avec prudence, la note reste raisonnable.
C/. del Pinar 15
Métro: Nuñez de Balbao
Tél. 562 88 44
fermé di en août
Classe de prix élevée

La Bola ■ B2

Un vieux restaurant populaire au décor sympathique. Les plats délicieux sont apportés par des serveurs aimables.
C/. de la bola 5
Métro: Opera
Tél. 547 69 30
En été, fermé di et sa soir
Classe de prix moyenne

Los Borrachos de Velázquez

La carte des «finos» et des vins andalous fait honneur au nom du restaurant (Los borrachos = les ivrognes).
Pour accompagner ces délices liquides, on peut recommander les jambons exquis et les différentes fritures.
C/. Principe de Vergára 205

Métro: Concha España
Tél. 458 10 76
Fermé di
Classe de prix moyenne

Botín ■ C4

Vieux restaurant traditionnel et cuisine castillane (fondé en 1725).
Ambiance très agréable, de ce lieu qu'a fréquenté Hemingway.
C/. Cuchilleras 17
Métro: Sol
Tél. 366 42 17
Fermé di et en août
Classe de prix élevée

Café de Maravillas

Les plats ne tiennent pas tous la promesse contenue dans le nom du restaurant («maravilla» signifie miracle), mais c'est le lieu où se rendre, si l'estomac crie famine. Ouvert jusqu'aux petites heures. Clientèle jeune.
C/. San Vicente Ferrer 33
Métro: Bilbao y Tribunal
Tél. 522 19 01
Ouvert tous les jours
Classe de prix inférieure

Casablanca ■ E1

Le bar est ouvert toute la journée et propose de bonnes tapas. Le restaurant sert des plats classiques légers.
C/. de Barquillo 29
Métro: Alonso Martínez
Tél. 521 15 68
Ouvert tous les jours
Classe de prix élevée

Casa Paco ■ C4

Le mobilier et le décor rappellent le XIXe siècle.
A recommander, les «Callos a la madrileña» (tripes), une spécialité madrilène, ou le «Pisto manchego», un plat cuit à la poêle, composé de tomates, d'œufs, de courgettes et de poivrons.

Plaza Puerta Cerrada 11
Métro: La Latina
Tél. 366 31 66
Fermé di et en août
Classe de prix élevée

El Cenador del Prado ■ D4
Les propriétaires s'entendent à
mêler une ambiance agréable
– tableaux et objets d'art – et une
cuisine excellente. Les plats font
parfois montre d'un tempérament
très séduisant, ainsi le hors-d'œuvre
de coquillages aux trois sauces
moutarde, le velouté de pommes
de terre et le filet froid salé au pain
et à l'ail.
C/. del Prado 4
Métro: Sevilla
Tél. 429 15 61
Fermé sa midi, jours fériés et en
août
Classe de luxe

La Chata ■ B5
Un restaurant vraiment agréable, au
décor rappelant l'Espagne
ancienne.
Des plats excellents, en particulier le
rôti de cochon de lait.
Cava Baja 24
Métro: Latina
Tél. 366 14 58
Fermé di
Classe de prix moyenne

Chocolatería San Ginés ■ D2
Un établissement très chaleureux, où
l'on peut boire un chocolat chaud
même à trois heures du matin.
C/. Barbieri 15
Métro: Chueca
Tél. 265 65 48
Tous les jours 19 h – 22 h
et 1 h – 7 h
Classe de prix moyenne

El Espejo ■ F1
Décor Art nouveau.
En été, la terrasse est l'une des plus

agréables de la magnifique avenue
Castellana.
Paseo de Recoletos 31
Métro: Colón
Tél. 308 23 47
Ouvert tous les jours
Classe de prix élevée

La Giralda III
Une bonne adresse pour les ama-
teurs de folklore et les admirateurs
de l'Andalousie.
Atmosphère joyeuse, jambon excel-
lent et spécialités de poisson déli-
cieuses.
C/. Maldonado 4
Métro: Nuñez de Balbao
Tél. 577 77 62
Fermé di et jours fériés
Classe de prix moyenne

L'Hardy ■ D3
Restaurant de haut niveau à la tra-
dition ancienne.
Au rez-de-chaussée, on peut boire
un consommé brûlant dans des bols
en argent.
L'étage supérieur présente une
excellente cuisine internationale et
espagnole.
Carrera de San Jeronimo 8
Métro: Sol
Tél. 521 33 85
Ouvert tous les jours sauf sa midi
Classe de luxe

José Luis
Réputé pour sa magnifique terrasse.
Service attentionné, prix modérés et
bonne nourriture. Le pâté d'auber-
gines à la sauce aux crevettes est
excellent.
C/. de Rafael Salgado 11
Métro: Lima
Tél. 457 50 36
Fermé di et en août
Classe de prix élevée

VIVRE À MADRID

Juan de Alzate ■ D1

Cuisine inventive aux influences basques, excellents fruits de mer. Carte en fonction des saisons qui présente plats traditionnels et nouvelle cuisine.
C/. Princesa 18
Métro: Plaza de España
Tél. 247 00 10
Fermé di
Classe de luxe

Luarques ■ D4

Bonne nourriture en abondance, produits frais et service agréable, un endroit à recommander aux fans de cuisine asturienne.
C/. Ventura de la Vega 16
Métro: Sevilla
Tél. 429 61 74
Fermé di soir et en août
Classe de prix moyenne

Luculo ■ E1

La spécialité du chef est la pâtisserie. Son présentoir à desserts met les gourmands en extase: mousse au chocolat blanc, glace au miel...
Cet établissement est à recommander à tous en été en raison de sa belle terrasse côté jardin.
C/. Génova 19
Métro: Colón
Tél. 419 40 29
Fermé di
Classe de luxe

El Pescador

Réputé pour ses spécialités de poissons, spécialement la sole et des zarzuelas (soupes de poissons) raffinées et vraiment délicieuses.
C/. de José Ortega y Gasset 75
Métro: Manuel Becarra
Tél. 402 12 90
Fermé di et en août
Classe de prix élevée

STOP

La Dorada. Cet excellent restaurant spécialisé en poissons plaît par son look marin original: des hublots à la place de fenêtres et du mobilier de navire partout. On mange comme sur un paquebot. La spécialité est bien entendu «La Dorada», la daurade au four, mais tous les autres plats de poissons, et surtout les petits poissons frits croustillants sont si succulents, qu'ils raviront même ceux qui sont peu friands de poisson. Cet établissement est un «El Dorado» pour les connaisseurs et amateurs de fruits de mer. Tout est frais et préparé de façon exquise. C/. Orense 64-66, métro: Cuzco, tél. 570 20 02, fermé di, classe de prix élevée.

Sacha
En été, la terrasse la plus prisée de Madrid. On y fait des rencontres sympathiques et on y sert des plats succulents.
C/. de Juan H. de Mendoza 11
Métro: Cuzco
Tél. 345 59 52
Fermé di et jours fériés
Classe de prix élevée

La Taberna del Alabardero ■ B3
Une taverne dont le décor recrée le XIXe siècle, aux murs chaulés et au mobilier vert foncé. Cuisine intéressante, les sauces surtout sortent de l'ordinaire.
C/. Felipe V 6
Métro: Opera
Tél. 547 25 77
Fermé en août
Classe de prix moyenne

La Trainera
Le monde des affaires de Madrid et des environs envahit régulièrement ce restaurant.
Les vins sont triés sur le volet, la nourriture excellente. La tarte Santiago mérite une recommandation particulière.
C/. de Lagasca 60
Métro: Rubén Dario
Tél. 576 80 35
Fermé di et en août
Classe de luxe

La Trucha ■ D3
Spécialités de poissons exquises et bon marché. La clientèle sait l'apprécier.
La terrasse est bondée tous les soirs.
Nuñez de Arce 6
Métro: Sol
Tél. 532 08 82
Fermé di et en août
Classe de prix moyenne

Viena
Par son décor et son atmosphère, sans doute un des plus beaux restaurants de Madrid, car il est meublé dans le style d'un ancien café et rappelle surtout par ce décor un peu bourgeois l'époque des

L'Hardy offre une cuisine exquise dans une agréable atmosp

VIVRE À MADRID

Habsbourg d'Espagne. A des prix relativement raisonnables, on peut conseiller de ne pas dédaigner les crêpes, une des attractions du menu.
Luisa Fernanda 25
Métro: V. Rodríguez
Tél. 248 15 91
Ouvert tous les jours 13 h – 24 h, fermé di
Classe de prix moyenne

Zalacain

Restaurant de luxe à la carte inhabituelle: salade chaude de pigeons et de champignons, raviolis aux truffes... La terrasse côté jardin du meilleur restaurant actuel de la ville est un véritable oasis.
Prix à donner le vertige.
C/. Alvarez de Baena
Métro: Rubén Dario
Tél. 501 48 40
Fermé le samedi après-midi, la Semaine Sainte et en août
Classe de luxe

Cafés

Café Berlin ■ C2

Joli petit café en pleine ville, dans une rue latérale de la Gran Vía. On peut y boire un café en fin d'après-midi, dans une ambiance chaleureuse et un décor art déco, et le soir s'y produit un jazzband.
C/. Jacometrezo 4
Métro: Callao

Café Círculo de Bellas Artes ■ D3

Café au décor chaleureux, où peintres, sculpteurs, écrivains et autres artistes – ou qui se voudraient artistes – aiment se rencontrer. Le riche intérieur transporte le client au siècle passé.
Alcalá 42
Métro: Sevilla

Café Comercial

Un vieux café madrilène traditionnel à l'atmosphère particulière. Alors que jadis s'y rencontraient surtout artistes et gens de lettres, il est aujourd'hui avant tout fréquenté par les jeunes. Souvent bondé en fin de soirée.
Glorieta de Bilbao 10
Métro: Bilbao

Café de Oriente ■ B3

Un des plus beaux et des plus fameux cafés de Madrid, stylé. Il est fréquenté par les musiciens du théâtre royal tout proche. En été, il fait bon s'asseoir sur sa terrasse, de laquelle on a une belle vue sur la place de l'Orient et le palais royal.
Plaza de Oriente 2
Métro: Opéra

Café Teide ■ E2/F2

Café toujours très fréquenté avec terrasse. Ici se retrouvent en fin d'après-midi tous ceux qui veulent esquisser un pas de danse. Le soir, on s'y applique à danser le tango, des valses anglaises ou la rumba, souvent jusqu'aux heures avancées de la nuit.
Paseo de Recoletos 25
Métro: Banco

Café Universal ■ E1

Café madrilène très célèbre. D'ici partirent des impulsions déterminantes de la vague de la «Movida» à Madrid dans les années 80. Le café est surtout fréquenté par des artistes, des gens de lettres, des intellectuels mais aussi de nombreux jeunes selon la devise «voir et être vu».
C/. Fernando VI 13
Métro: Alonso Martínez

Lexique culinaire

A

acedía: limande
aceitunas: olives
agua: eau
-con gas: eau gazeuse
-mineral: eau minérale
-natural: eau de distribution
aguardiente: eau-de-vie
ahumado: fumé
ajo: ail
albaricoque: abricot
albóndiga hamburguesa: boulette
albóndigas: boulettes
alcachofas: artichaut
alfajor: pain d'épices
almejas: clovisses
almendra: amande
anchoas: anchois
anís: liqueur d'anis
apio: céleri
arenque: hareng
arlequín: glace panachée
arroz: riz
asado: rôti
atún: thon
avellanas: noisettes
aves: volaille
azúcar: sucre
-de caña: sucre de canne

B

bacalao: morue séchée, cabillaud
barquillos: gaufre
batatas: patates douces
bebida: boisson
berza: chou
bienmesabe: pâtisserie sucrée à la crème aux œufs et aux amandes
bisté, bistec: beefsteak
bizcochos: pâtisserie faite de miel, de farine et de noix de coco
bocadillo: petit pain garni
bonbón gigante: dessert sucré au chocolat
bonito: bonite (thon)
budín: pudding
buey: bœuf
buñelo: beignet

C

cabrito en adobo: viande de chevreau marinée et rôtie
cacahuetes: cacahuètes
cachuela: fraise, mais aussi ragoût de lapin
café con leche: lait russe
-cortado: café au lait
-solo: café noir
calabaza: courge
caldo: bouillon
callos: tripes

Le jambon – jamón – est apprécié en Espagne.

callos a lo madrileño: tripes à la sauce piquante
cangrejo: écrevisse
capón: chapon
carne: viande
-fiambre: rôti froid
carnero: agneau
castañas: marrons
cazuela: ragoût
cebollas: oignons
cecina: viande fumée
cerdo: porc
cerezas: cerises
cerveza: bière
chauchas: haricots verts
chorizo: saucisse piquante
ciruelas: prunes
ciruelas amarillas: mirabelles
cocido: potée de pommes de terre, de viande et de pois
col: chou
-de Bruselas: de Bruxelles
-lombarda: chou rouge
coliflor: chou-fleur
colinabo: chou-rave
comino: cumin
conejo: lapin
-salmorejo: lapin à la sauce piquante
confituras: confitures
consomé: consommé
crema: crème, velouté
crudo: cru
crustáceos: crustacés

D

dátiles: dattes
diente de ajo: gousse d'ail

E

embutido: saucisse
empanada: pâté de viande
ensalada: salade
-variada: salade mixte
escaldón: soupe au gofio (farine de maïs)
escalopa: escalope
espárragos: asperges

espinacas: épinards
estofado: bœuf en daube

F

fideos: vermicelles
frangollo: plat sucré fait de lait et de maïs
fresa: fraise
frito: frit
fruta: fruit
frutas del mar: fruits de mer

G

gallina: poule
ganso: oie
garbanzos: pois chiches
gazpacho: potage froid
gigote: pain de viande
ginebra: genièvre, gin
gofio: farine de maïs grillé
guisado: goulash, viande en daube
-picante: ragoût
guisantes: petits pois

H

helado: glace
hierbas aromáticas: herbes aromatiques
higado: foie
-asado con mojo colorado: foie grillé à la sauce verte
higo: figue
hortaliza: légumes
huevo: œuf
-al plato-frito: œuf sur le plat
-flamencos: œufs flambés à l'ail
-pasado: œuf mollet
-revueltos: œufs brouillés

J

jabali: sanglier
jamón: jambon
judias: haricots
-con chorizo: haricots à la saucisse piquante
-secas: haricots secs

Un regard un siècle en arrière: le café de Bellas Artes

-verdes: haricots verts
jugo: jus, bouillon

L

langosta: langouste
leche: lait
lechuga: laitue
legumbres: légumes, légumineuses
lengua: langue
lenguado: sole
lentejas: lentilles
liebre: lièvre
limón: citron
limonada: limonade
liquor: liqueur
lisa: loche
lomo: aloyau, échine
lucio: brochet
luciopesca: sandre

M

macedonia de frutas: salade de
    fruits
mantecado: glace à la vanille
mantequilla: beurre
manzana: pomme
mejillones: moules
melocotón: pêche
merengue: meringue
mermelada: marmelade
mero: mérou
mojo: sauce piquante à base de
    vinaigre, d'huile, de gros sel, de
    paprika et de poivron
-rojo picón: à l'ail, au safran et à la
    coriandre
-verde: au persil et à la coriandre
morcilla: boudin

N

naranja: orange
nata: crème fraîche
-batida: Chantilly
natillas: crème renversée
nueces: noix

O

olla: potée
ostra: huître

P

paella: plat de riz
pan: pain
-blanco: pain blanc
-negro: pain gris
panecillo: petit pain
papas, patatas: pommes de terre
pastas: pâtisseries, pâtes
pastel: gâteau, tarte
-de patatas: crêpes de pommes de
    terre
pato: canard
pecho: filet, blanc
pepino: concombre
pera: poire
perca: perche
perdiz: perdrix
perejil: persil
pescado: plat de poisson
pez: poisson
-espada: espadon
picadillo: hachis
pichón: pigeon
piel: peau, pelure
pierna: patte, cuisse
pimienta: poivre
pimiento picante: poivron
piña: ananas
pisto manchego: ratatouille de
    légumes
plátano: banane
platija: plie
puchero: potée de légumes
pulpitos: petits poulpes
pulpo: poulpe

Q

queso: fromage
-amarillo: sorte de gouda
-blanco: fromage de chèvre ou de
    brebis
-manchego: fromage de la Mancha
quisquilla: crevette

R

rábano picante: raifort
ragú: ragoût
repollo: chou blanc
requesón: fromage blanc
riñonada: rognons à l'étuvée
rodaballo: turbot
rollo: paupiette
ron con miel: rhum au miel
rosbif: rosbif

S

sal: sel
salchichas: petites saucisses
salchichón: salami
salmón: saumon
salsa: sauce
salsiffes negros: salsifis
sancocho: potage de pommes de terre avec des légumes et du poisson, de la viande ou du jambon
sandía: pastèque
sangria: punch froid fait avec du vin rouge, de l'eau minérale, du sucre et des fruits
semola: semoule
seso: cervelle
setas: champignons comestibles
solomillo: aloyau
sollo: esturgeon
sopa: soupe
-borracha: soupe de vin froid
-de fideos: soupe aux vermicelles
-de rabo de buey: potage de queue de bœuf
-de verduras: potage de légumes frais
-juliana: potage aux légumes
sorbete: sorbet

T

tapioca: tapioca
tarta: tourte
té: thé
tiburón: requin
tocino: lard

torrija: pain perdu
torta: gâteau
tortilla francesa: omelette
-española: omelette de pommes de terre
tortuga: tortue
trucha: truite
turrón: sorte de nougat
-de gofio: aux amandes, au maïs, aux figues et au miel

U

uvas: raisins

V

verduras: légumes
vermut: vermouth
vieira: coquille Saint-Jacques
vieja: vieja (poisson)
vinagre: vinaigre
vino: vin
-blanco: vin blanc
-de la peninsula: vin de la péninsule ibérique
-del país: vin de pays, du cru
-dulce: vin doux
-embotellado: vin en bouteille
-medio seco: vin mi-doux
-rosado: rosé
-seco: vin sec
-tinto: vin rouge

Z

zumo (de frutas): jus de fruits
-de limón: jus de citron
-de manzana: jus de pommes
-de naranja: jus d'oranges
-de uva: jus de raisins

Madrid est une ville où l'on trouve de tout: des magasins d'un luxe étincelant, des boutiques modernes et des petits magasins où fureter.

Dans la capitale espagnole, tous les magasins restent ouverts jusqu'à 20 heures. A l'exception des grandes surfaces, **El Corte Inglés** et **Galerias Preciados**, presque tous observent une pause de 14 à 17 heures. La meilleure heure pour faire du lèche-vitrine sans être trop dérangé par le vacarme de la circulation, sans faire la queue dans la bousculade ni au milieu de la foule pressée, c'est le matin entre 11 et 13 heures ou en fin d'après-midi à partir de 18 heures. A Madrid, on peut encore découvrir soi-même les magasins, boutiques, galeries et bouquinistes les plus intéressants. Le quartier bourgeois de **Salamanca** est une excellente adresse pour commencer ses achats. C'est amusant de découvrir les petits magasins entre des portails somptueux, des places romantiques plantées d'arbres ou des cours intérieures ombragées. Quelques-uns des meilleurs magasins, marchés et même supermarchés de la ville se cachent entre les rues **Diego de León, Príncipe de Vergára,**

Les magasins de Madrid sont attrayants - ici la zone piétonnière.

Goya et **Serrano**.
Les prix y sont bien sûr plus élevés que dans d'autres quartiers de Madrid, mais il serait néanmoins difficile de ne rien trouver à son goût lors d'une flânerie dans la **Calle Serrano** puis dans la **Calle de Velázquez**, à la pointe de la mode. Nous recommandons les environs de la **Plaza Mayor** aux amateurs de boutiques anciennes et d'artisanat traditionnel. Il y a dans les rues latérales et ruelles étroites de la **Plaza Santa Ana** de nombreux antiquaires, bouquinistes et marchands d'horloges, chez qui on peut fureter à l'aise. On découvre dans les rues Arénal et Mayor des boutiques d'artisanat qui ont vaillamment résisté à l'explosion de nouvelles constructions modernistes. Un exemple typique est la vieille vannerie de Juan Sánchez dans la **Calle Cuchilleros**, le magasin de poterie originale de Julia Maeso dans la **Cava Alta** ou la plus vieille guitarrería de Madrid dans la **Calle Cuchilleros**.

Shopping de luxe et marché aux puces

Entre les rues **Conde de Xiquena, Piamonte, Argensola** et **Barquillo** se trouvent tous les magasins d'avant-garde. On y trouve les meilleures adresses du pays en matière d'antiquités, de bijoux et de galeries d'art. Les marchés traditionnels de Madrid, qu'il faut absolument voir, forment avec elles un contraste frappant. Le premier d'entre eux est le populaire **Rastro**, à visiter de préférence le dimanche matin tôt et sans emmener d'objets de valeur à cause du risque de vol. C'est une mine d'or pour les chineurs curieux...

STOP

VIP'S. On peut fouiner à l'aise, même le dimanche, dans les rayons livres, disques et journaux des boutiques self-service à l'enseigne rouge lumineuse **VIP'S**. Les cafétérias de cette chaîne de distribution ultramoderne sont en général bon marché et de qualité, offrant même des plats typiques. Une preuve du bon niveau des **VIP'S**: ces magasins éparpillés dans toute la ville sont devenus le rendez-vous des jeunes noctambules. Les **VIP'S** sont en effet ouverts bien après minuit.

Antiquités

Les magasins des abords de la **Plaza Santa Ana** (Métro: Antón Martín), les boutiques bien approvisionnées des rues latérales de la **Plaza de Cascorro** (Métro: La Latina) et le «Rastro» dominical (voir Marchés) sont des mines.

Centro de Anticarios Lagasca
■ F1

Onze magasins se sont regroupés sous un même toit pour former ce centre de vente d'antiquités.
C/. de Lagasca 36
Métro: Serrano

Livres

Casa del Libro
■ D2
La plus grande librairie de Madrid avec un excellent assortiment de publications espagnoles.
Gran Vía 29
Métro: Gran Vía

Librería Cabanes
■ C5
Livres d'occasion, cartes géographiques, lithographies.
C/. Jesús y María 9
Métro: Torso de Molina

Librería Gabriel Molina
■ C3
Livres d'occasions, gravures anciennes, eaux-fortes, ouvrages de bibliophilie.
Travesía del Arenal 1
Métro: Sol

Mercado de Libros
■ F5
Près du jardin botanique se tient en permanence un marché de livres où l'on peut fouiner.
C/. Claudio Moyano
Tous les jours de 10 heures au coucher du soleil
Métro: Atocha

Une institution permanente - le marché aux livres de la Calle Moyano

Miessner Libreros ■ E2

Librairie particulièrement réputée pour son rayon bien pourvu en littérature spécialisée.
C/. Tamayo y Baus 8
Métro: Colón

P. San Francisco de Sales

Grand choix de revues et livres d'art.
C/. San Francisco de Sales
Métro: Moncloa

Epicerie fine

Alimentación Olmedo ■ F1

On peut acheter ici de l'épicerie fine et des spécialités de toute l'Espagne. La Licor de Manzana de plus en plus prisée ou des confitures inhabituelles s'achètent dans de beaux bocaux aux motifs peints très décoratifs et le vin dans de vieilles bouteilles. Dans quel autre magasin trouve-t-on un assortiment aussi large de fruits conservés au vinaigre dans de superbes bocaux? Celui qui a déjà goûté ce mets exquis se doit de rapporter un paquet du meilleur «jamón serrano».
C/. de Serrano 75
Métro: Serrano

Cafés la Mexicana ■ C3

On y trouve depuis sa fondation au début du siècle les meilleurs cafés brésiliens et colombiens.
C/. de Preciados 24
Métro: Callao

Caramelos Paco ■ B5

D'innombrables variétés de caramels et de bonbons.
C/. Toledo 55
Métro: La Latina

Casa Mira ■ D3

La spécialité de la maison est le «turrón», une sorte de nougat fait d'amandes, de miel et de blanc d'œufs, avec différents parfums. Le cadeau à rapporter de Madrid. Le massepain est également à conseiller.
Carrera de San Jerónimo 30
Métro: Sevilla

Ferpal ■ C3

Fromages espagnols et étrangers. Excellent fromage de La Mancha.
C/. Arenal 7
Métro: Sol

Licorilandia ■ D4

Plus de 400 vins de table, un choix immense de boissons.
C/. León 30
Métro: Antón Martín

Mallorca

Si vous passez devant l'une des cinq boutiques pour gourmets à l'enseigne de «Mallorca» lors d'une de vos excursions à travers Madrid, entrez dans ce temple de la gastronomie. On peut y déguster debout un savoureux consommé, un petit pain garni ou s'acheter pour le dimanche après-midi un plateau de pâtisseries, le «Mallorca» étant ouvert le dimanche matin jusqu'à 14 heures.
Alberto Alcover 48
Métro: Columbia
Bravo Murillo 7
Métro: Quevedo
Comandante Zorita 39
Métro: Cuatro Caminos
Serrano 10
Métro: Retiro
Velázquez 59
Métro: Velázquez

Museo del Jamón ■ D3

«Con pan y vino se anda el camino – con pan y vino y jamón: mucho mejor.» Avec du pain et du vin, tout va bien – avec du pain, du vin et du jambon, tout va encore mieux. Dans le musée du jambon (voir Musées et galeries), l'eau viendra à la bouche de tous les visiteurs.
Carrera de San Jerónimo 6
Métro: Sol

La Pajarita ■ C3/D3

Réputée depuis 1881 pour ses excellentes friandises. A goûter absolument: les marrons glacés et les raisins au cognac.
Puerta del Sol 6
Métro: Sol

Palacio de los Quesos ■ C3

La plus vieille crèmerie de Madrid.
C/. Mayor 53
Métro: Sol

La Violeta ■ D3

Minuscule boutique où l'on trouve des bonbons à la violette à l'ancienne, mais aussi d'excellentes truffes et des fruits glacés.
Plaza de Canalejas 6
Métro: Sevilla

Articles cadeaux

Artespaña

On y trouve de nombreux beaux souvenirs à des prix raisonnables. Filiales partout dans la ville.
Gran Vía 32 ■ D2
Métro: Gran Vía
Plaza de las Cortes 3 ■ E4
Métro: Sevilla
C/. Don Ramón de la Cruz 33
Métro: Nuñez de Balbao
C/. Hermosilla 14
Métro: Serrano

Baden-Baden ■ F2

Bazar encore et toujours. Pour offrir ou pour s'offrir. Tous les objets sont bien choisis, amusants et pour toutes les bourses.
C/. de Villanueva 3
Métro: Serrano

Casa de Diego ■ C3/D3

Les señoritas coquettes y achètent leurs éventails depuis 1858.
Puerta del Sol 7
Métro: Sol

Centro de Arte Reina Sofía ■ E5

Splendides articles cadeaux en tous genres.
C/. Santa Isabel 52
Métro: Atocha

La Companía de la China y del Oriente

Très beau magasin à conseiller à tous ceux qui n'ont rien trouvé après avoir longtemps cherché.
C/. del Conde de Aranda 14
Métro: Colón

La Continental

Cette boutique luxueuse, magnifiquement décorée, présente des articles sélectionnés avec soin: du bureau futuriste au parapluie de designer. Il faut bien sûr y mettre le prix.
C/. Príncipe de Vergára 48
Métro: Av. de América

Maty ■ C3

Des castagnettes à la blouse à jabot, on y trouve tout ce qui se rapporte à la danse en Espagne.
C/. Hileras 7
Métro: Sol

Naif

La boutique des beaux objets originaux.
Un choix immense d'objets insolites et d'articles cadeaux pour tous les

budgets.
C/. de Ayala 27
Métro: Manuel Becerra

Papelmania

Du papier d'emballage pour un souvenir de très grande taille ou pour un simple stylo à bille, on trouve dans ce charmant petit magasin toutes sortes de matériaux d'emballage originaux.
C/. Ayala 24
Métro: Goya
C/. Claudio Coello 65
Métro: Velázquez

Grands magasins

El Corte Inglés

Du bouton au caviar, on trouve de tout dans les quatre succursales du grand magasin madrilène.
C/. Preciados 3   ■ C3
Métro: Sol
C/. Goya 76
Métro: Goya
C/. Princesa 56
Métro: Argüelles
C/. Raimondo Fernández Villaverde 79
Métro: Nuevos Ministerios

Galerias Preciados

Une autre chaîne de grands magasins, avec quatre succursales.
Plaza del Callao 1   ■ C2/C3
Métro: Callao
C/. Goya 87
Métro: Goya
C/. Serrano 47   ■ F1
Métro: Serrano
C/. Arapiles 10
Métro: Quevedo

Plaisir optique aussi: grand magasin madrilène à l'architecture moderne

Vêtements pour enfants

Friki
Vêtements pour enfants ravissants, car les Espagnols adorent leur progéniture plus que tout.
C/. Velázquez 35
Métro: Velázquez

Nancy
Vaste choix pour le petit enfant, des chaussures au peignoir de bain.
Nuñez de Balboa 35
Métro: Nuñez de Balboa

Maroquinerie

Del Valle Piel ■ E1/E2
De la ceinture aux chaussures en passant par les valises en cuir.
C/. Conde Xiquena 2
Métro: Colón

Stephane Kélian
Une des meilleures maroquineries, tout y est de bonne qualité et les prix élevés, des gants de cuir aux ceintures.
C/. Ortega y Gasset 19
Métro: Nuñez de Balboa

Loewe ■ C2/D2
Maroquinier mondialement connu: ses prix sont proportionnels à sa réputation.
Gran Vía 8
Métro: Callao, Gran Vía

Piamonte ■ E2
Boutique d'accessoires en cuir originaux et à la mode, très appréciée des jeunes Madrilènes.
C/. Piamonte 25
Métro: Colón

Marchés

El Rastro ■ C5
Ce marché aux puces est certainement le plus célèbre marché hebdomadaire de Madrid. Tous les dimanches vers 10 heures, les brocanteurs déballent leurs marchandises, de la vieille horloge aux tableaux peints ornés

TOP! 7

Quoi que vous cherchiez, vous le trouverez au Rastro.

de poèmes d'amour dans les coins, en passant par les éventails, les bijoux, les clés, les boutons de pantalon et les vêtements. Si l'on vous a volé ou que vous avez perdu quelque chose, vous le retrouverez peut-être au Rastro. Fripiers, camelots, curieux et acheteurs, badauds et charlatans se rencontrent ici. La meilleure heure pour y passer se situe aux alentours de 11 heures, quand tous les stands sont montés.
Plaza de Cascorro et rues avoisinantes
Métro: La Latina
Di 10 h – 17 h

Numismática y filatelía ■ C4
Une des plus anciennes institutions de la ville. Le dimanche et les jours fériés, des monnaies anciennes et neuves et des timbres sont proposés aux acheteurs aux abords de la **Plaza Mayor**.
Plaza Mayor
Métro: Sol
Di et jours fériés 10 h – 17 h

Mercado de Pintores ■ B4
Sur la **Plaza del Conde de Barajas**, les peintres amateurs espagnols présentent leurs œuvres le dimanche et les jours fériés. Cela mérite une visite, il s'y trouve souvent de beaux tableaux.
Plaza del Conde de Barjas
Métro: Sol
Di et jours fériés 9 h – 14 h

Mercado de Santa Ana ■ D4
Tous les samedis après-midi a lieu sur la **Plaza Santa Ana** un marché aux puces, où l'on peut trouver des souvenirs.
Plaza Santa Ana
Métro: Sol
Sa 10 h -17 h

Mode élégante pour jeunes et vieux

Mode

Antonio Alvarado ■ D3
Le favori de la belle jeunesse.
C/. Caballero de Gracia 22
Métro: Sevilla

Alfredo Caral ■ F1
Couturier espagnol au succès international, chic classique avec une touche personnelle.
C/. Serrano 34
Métro: Serrano

Coal ■ F3
Boutique chic avec des modèles de designers à bon prix.
C/. Calenzuela 9
Métro: Retiro

Dafnis
La boutique de l'Espagnole qui aime la mode européenne.
Paseo de la Habana 174
Métro: Colombia

VIVRE À MADRID

Adolfo Dominguez
A juste titre un des designers les plus réputés. Ses blazers sont extra-ordinaires.
C/. Ayalá 24
Métro: Serrano
C/. Serrano 96
Métro: Velázquez
C/. Ortega y Gasset 4
Métro: Serrano

Ekseptión
Boutique ultra-moderne au décor extravagant. Superbes modèles du top-designer Pepe Barroso.
C/. Velázquez 28
Métro: Velázquez

Globe
Magasin favori des jeunes Espagnoles.
C/. Padilla 4
Métro: Diego de León

Loewe
On y trouve la mode en cuir la plus moderne et de très bonne qualité.
C/. Serrano 26 et 34 ■ F1
Métro: Colón
C/. Gran Vía 8 ■ C2/D2
Métro: Callao, Gran Vía

Robert Max
Sans conteste une des meilleures boutiques de mode de Madrid. Bien surveiller son porte-monnaie, car il est difficile de résister.
C/. Columela 2
Métro: Retiro

Jesus del Poza ■ E2
L'étoile au firmament de la mode espagnole, vêtements homme et dame inhabituels mais très attrayants. Une petite boutique à la décoration fantastique. Sa première boutique est «Coal».
C/. Almirante 28
Métro: Colón

Porcelaine et céramique

Le dimanche et les jours fériés, de 9 à 14 heures, on trouvera un grand choix d'objets d'art en céramique sur la **Plaza del Conde de Miranda.** (Métro: Opéra)

La Certuja de Sevilla
Magasin célèbre, œuvres d'artistes céramistes espagnols reconnus.
C/. Goya 5
Métro: Goya

Lladro
On peut y admirer et acheter des œuvres d'artistes célèbres.
C/. Quontana 2
Métro: Argüelles

La Tierra ■ E2
Objets en céramique sélectionnés et grand choix de céramiques espagnoles anciennes et modernes.
C/. Almirante 28
Métro: Colón

Bijoux

Aldaro ■ C2/D2
Une des plus anciennes bijouteries de Madrid, pièces uniques.
Gran Vía 15
Métro: Callao, Gran Vía

Grassy ■ D2
Paradis classique des joyaux, pièces splendides.
Gran Vía 1
Métro: Callao, Gran Vía

Plata Viva ■ E1
Cette boutique passe pour le temple de la nouvelle bijouterie. Les artistes les plus réputés exposent dans ce superbe magasin.
C/. de Argensola 2
Métro: Chueca

Suarez ■ F1
Un des plus grands bijoutiers de
Madrid, très prisé des amateurs de
bijoux madrilènes.
C/. Serrano 63
Métro: Serrano

Chaussures

Bottega Veneta
Chaussures pour dames super-élé-
gantes, les prix sont aussi à mettre
au superlatif.
C/. Zubarán 16
Métro: Alonso Martínez

Camper
Chaussures à la mode, très appré-
ciées des jeunes.
Les prix sont adaptés à l'âge de la
clientèle.
C/. Ayalá 13
Métro: Serrano

Galfra ■ C2/D2
Chaîne de magasins avec une offre
de très bonne qualité, chaussures à
la pointe de la mode à des prix

abordables.
Gran Vía 33
Métro: Callao, Gran Vía

Tissus et lingerie

Alondra ■ F1
La laine s'achète au poids, les ven-
deuses sont aimables et prêtes à
aider avec fil et aiguille s'il le faut.
C/. Serrano 54
Métro: Serrano

Tokio
Le numéro un en lingerie séduisan-
te.
C/. Claudio Coello 66
Métro: Nuñez de Balboa
C/. Piamonte 18 ■ E2
Métro: Colón

Zorilla y Cia ■ C3
De belles étoffes aux couleurs
espagnoles vives; magasin de tissus
depuis 1923.
C/. Carmen 19
Métro: Sol

L'Espagne, pays de la guitare classique: un magasin de musique

Discothèques à l'ambiance surchauffée, jazz endiablé, concerts classiques ou flamenco – les amateurs de nuits blanches trouveront leur bonheur à Madrid.

A Madrid, cela fait déjà longtemps que la vie nocturne porte des étiquettes prometteuses – de la **movida** à la **marcha**, des nuits **rock** aux indispensables **copas** et aux **noches locas**, les nuits folles. Sans parler du titre que donna un célèbre quotidien madrilène à son reportage sur la vie nocturne de Madrid: «Dura es la noche», «Dure est la nuit». La façon dont les Madrilènes parviennent à travailler la journée avec autant de zèle que leurs collègues européens et à rester en pleine forme toute la nuit reste un mystère. «Que se divierta» – «Amusez-vous». Aucune phrase ne peut mieux décrire l'état d'esprit des Espagnols la nuit.

Tous les bars, discothèques, music-halls, salles de concert, théâtres, tablaos à flamenco et cinémas sont facilement accessibles en bus, métro ou taxi, alors que les cafés et boîtes de nuit sont pour la plupart situés dans le centre. Aux abords de la **Plaza Santa Ana**, en particulier dans la **Calle Huertas**, règne une atmosphère jeune et estudiantine et on y trouvera de nombreux établissements pleins d'ambiance. Des clubs plus sélects, des pubs et des salles de danse plus raffinés sont situés dans la **Calle del Capitán Haya** et le complexe de gratte-ciel Azca. Dans le quartier de **Chueca** règne une vie nocturne riche en attractions souvent improvisées. Les bonnes discothèques, telles **El Sol**, se trouvent souvent dans des rues latérales désertes, où l'on ne penserait pas les trouver. Cela vaut également pour le **Cock**, un bar chic en plein milieu du quartier des prostituées de la Gran Vía. C'est une particularité des noches locas de la métropole: les quartiers ne correspondent pas à une «ambiente» déterminée.

Nuits blanches pour tous les goûts

La plupart des pubs, cafés, bars et restaurants sont ouverts jusqu'à deux heures du matin. C'est alors que les choses sérieuses commencent réellement dans les cabarets et discothèques, en général jusqu'à six ou même sept heures du matin. Les noctambules ne mettent pas le cap sur les **churrerías** de Madrid, les marchands de beignets sucrés, pour un petit déjeuner obligatoire mais bien pour y parachever une nuit joyeusement

Viva Madrid - la vie nocturne ne laisse pas le temps de souffler.

arrosée. Les restaurants-spectacles par contre, tel le **Florida Park**, dans le Retiro, facile à rejoindre à pied depuis l'**Alcalá**, ou le traditionnel **Scala-Music-Hall** avec sa revue et son spectacle de danse réputés dans tout le pays, sont l'expression de l'intérêt des Espagnols pour les grands shows.

Une visite à la chanteuse de cabaret **Olga Ramos**, dans son agréable établissement un peu kitsch **Noches de Cuplé**, devrait figurer au programme de vos nuits madrilènes.

Lorsque Olga Ramos, une dame replète d'environ soixante-cinq ans aux frisettes grisonnantes entame un «chotis», la plus madrilène des chansons ou des danses, accompagnée d'un antique piano, le public, composé en majorité de personnes d'un certain âge, se déchaîne et les applaudissements n'en finissent pas. Vers minuit au plus tard, il est temps de se mettre en route pour un des nombreux établissements où l'on danse le célèbre flamenco.

En général, les danses se poursuivent bien après minuit dans les **tablaos** où la scène a conservé sa forme traditionnelle, proche du public.

Le flamenco fait partie de Madrid comme la corrida, le Palacio Real ou le Prado. On peut sans hésiter appeler Madrid la capitale mondiale du flamenco, car les meilleurs danseurs de flamenco sont depuis toujours venus s'y établir – le film de Saura «Carmen» n'y est pas pour rien. Une soirée flamenco coûte certes relativement cher, mais c'est un moment inoubliable.

Dans la Cervecería Alemania, il est facile de nouer le contact.

Bars, cafés et clubs

Café Central ■ D4
Un groupe connu en Espagne ou internationalement s'y produit tous les soirs.
Plaza del Angel 10
Métro: Antón Martín
Tous les jours 22 h – 24 h

Café Gijon ■ E2
Une institution à Madrid, fondée en 1888. Ici se rencontraient des artistes et gens de lettres, comme Federico García Lorca ou Luis Buñuel, pour les fameux cercles de conversation, les **tertulias**. Rendez-vous de la résistance sous Franco. Aujourd'hui encore, café prisé des journalistes, artistes et intellectuels mais aussi des touristes venus du monde entier.
Paseo de Recoletos 21
Métro: Banco
Ouvert tous les jours 9 h – 1 h 30

Candilejas ■ B5
Café-cabaret au décor rappelant un café du début du siècle. Les propriétaires sont des acteurs de théâtre passionnés.
C/. de Bailén 16
Métro: Puerta de Toledo
Ouvert tous les jours 11 h – 23 h, représentations: ve et sa

Cervecería Santa Bárbara ■ E1
Un café spécialisé en bières, un peu trop grand, où se retrouvent tous les soirs des Madrilènes de tous âges et de tous milieux.
Plaza Santa Bárbara 8
Métro: Alonso Martínez
Ouvert tous les jours 11 h 30 – 23 h

Clamores ■ D2
A conseiller aux fans de jazz. La clientèle a la trentaine, l'ambiance est chaleureuse.

C/. de Albuquerque 14
Métro: Bilbao
Ouvert tous les jours à partir de 13 h

Cock ■ D2
Ce bar fut l'un des points de départ et de rencontre de la «Movida».
C/. Reina 16
Métro: Chueca
Tous les jours 22 h – 3 h

La Fidula ■ D4/E4
Etablissement apprécié des amateurs de musique classique.
C/. de las Huertas 57
Métro: Antón Martín
Tous les jours 17 h – 1 h 45, ve et sa jusqu'à 2 h 45

Los Gabrieles ■ D4
Taverne dans le style des bodegas andalouses, aux pièces superbement carrelées.
C/. Echegaray 17
Métro: Sol
Tous les jours 12 h – 2 h

Maravillas ■ D1
Spectacle tous les soirs. Des chanteurs oubliés ou pas encore célèbres, des poètes et des comiques s'y produisent, avec parfois une pièce de théâtre.
C/. San Vicente Ferrer 33
Métro: Bilbao ou Tribunal
Tous les jours à partir de 9 h

Salón del Prado ■ D4
On peut y converser pendant des heures. Décor début du siècle: belles lampes anciennes, petites tables de bistrot, long comptoir, statue de la Vénus de Milo, piano à queue.
C/. del Prado 4
Métro: Sol
Tous les jours à partir de 10 h

Discothèques

Archy

Les nuits ne se ressemblent pas chez Archy. Une fois ce sont les designers et leurs fans, une autre les top-models ou les nouveaux patrons de la finance, ou des gens comme vous et moi. La discothèque comprend plusieurs salles aménagées sur plusieurs niveaux.
C/. Marqués de Riscal 11
Métro: Rubén Darío
Tous les jours 12 h – 4 h, W-E jusqu'à 5 h, fermé di

But

Discothèque spacieuse, où l'on peut encore danser sur de la bonne musique. Atmosphère et public agréables.
Barceló 11
Métro: Bilbao y Tribunal
Tous les jours 23 h – 4 h, fermé sa et lu

Joy Eslava ■ C3

Le décor à lui seul mérite le détour. Un ancien théâtre réaménagé avec de gigantesques pistes de danse, de nombreux effets de lumière et de spots. Coins tranquilles dans la partie supérieure de ce hall de danse.
C/. del Arenál 11
Métro: Sol
Tous les jours 23 h – 4 h

Keeper

Discothèque rock et bar sur trois étages. Appréciée pour son excellente musique.
C/. Juan Bravo 31
Métro: Nuñez de Balboa
Tous les jours 24 h – 5 h

Pachá

Un must pour les amateurs de discothèques. Public très varié. Trois niveaux avec chacun une musique et une atmosphère différentes. Plus la nuit avance, plus le Pachá se remplit.
C/. Barceló 11
Métro: Bilbao y Tribunal
Tous les jours 24 h – 5 h

STOP

Deux nuits à Madrid – L'animation de la Plaza Santa Ana. Après une première bière bien fraîche et de délicieux tapas à la «Cervecería Alemana», on passe au jazz dans le «Café Central», puis on descend dans la Calle Huertas voisine, où les bars se succèdent. Note finale avec la musique classique de «La Fidula». – **Style et classicisme au Ritz** Tous les dimanches, l'hôtel «Ritz», inauguré en 1910 par Alphonse XIII en personne, offre à ses hôtes et à une clientèle au portefeuille solide un brunch accompagné d'un concert classique de très haut niveau. L'été, le concert a lieu dans le jardin du bâtiment Belle Époque.

Flamenco

Le flamenco est en Espagne un événement culturel et social aussi
typique que la corrida et fait
partie intégrante de la menta-
lité espagnole.

**PTEN
6**

Café de Chinitas ■ B2
C/. de Torija 7
Métro: Santo Domingo
Tous les jours à partir de 21 h,
fermé di

Casa Patas ■ D4
C/. Cañizares 10
Métro: Antón Martín
Je-sa à partir de 21 h

Corral de la Morería ■ B4
C/. de la Morería 17
Métro: La Latina
Tous les jours à partir de 21 h

Torres Bermejas ■ C2/C3
C/. Mesonero Romanos 11
Métro: Callao
Tous les jours à partir de 21 h

Cinémas

Les cinémas classiques comme le
Capitol, le **Coliseum** ou le **Palacio
de la Prensa** se situent surtout le
long de la Gran Vía et dans la Calle
de Fuencarral. Les programmes sont
publiés dans l'hebdomadaire «Guía
del ocio». Il reste des cinémas où
les films étrangers sont projetés en
version originale avec sous-titres
espagnols (*v.o. subtitulada*):

Alphaville ■ A1/B1
C/. Martín de los Heros 14
Métro: Plaza España

Bellas Artes ■ E3
C/. Marqués de Casa Riera 2
Métro: Banco

Filmoteca Nacional ■ D5/E5
C/. Santa Isabel 3
Métro: Antón Martín

Flamenco: un moment inoubliable

Concerts et musique

Auditorio Nacional de Música
Centre de concert construit en 1988 comprenant plusieurs salles à l'acoustique excellente.
C/. Príncipe de Vegara 136
Métro: Cruz del Rayo

Centro de Arte Reina Sofía ■ E5
Centre culturel avec un programme de concerts attrayant.
C/. Santa Isabel 52
Métro: Atocha

Centro Cultural de la Villa de Madrid ■ F1
L'orchestre de la ville se produit souvent dans le centre culturel de Madrid.
Plaza de Colón
Métro: Colón

Círculo de Bellas Artes ■ E3
Salle de concert où l'on aime la nouveauté.
C/. Marqués de Casa Riera 2
Métro: Banco

Teatro Lírico de la Zarzuela ■ E3
On peut y assister aux «comédies musicales» typiquement espagnoles, les zarzuelas, un mélange réussi d'opérette, d'opéra, de théâtre, de pièce populaire et de ballet.
C/. de Jovellanos 4
Métro: Sevilla

Noches de Cuplé
Un spectacle unique, amusant et profondément madrilène, surtout lorsque les deux Olgas chantent les populaires chotis, une sorte de polka.
C/. de Palma 51
Tél. 532 71 15
Tous les jours 21 h 30 – 2 h 30, fermé di
Métro: Noviciado

Théâtre et opéra

Teatro Albeniz ■ C4
Théâtre moderne et expérimental.
C/. de la Paz 11
Métro: Sol

Teatro Calderón ■ C4/D4
Répertoire plus léger, par exemple des comédies musicales.
C/. de Atocha 18
Métro: Tirso de Molina

Teatro de la Comedia ■ D4
Mise en scène moderne des classiques de Cervantés, Lope, Calderón, etc.
C/. Príncipe 14
Métro: Sevilla

Teatro Español ■ D4
Théâtre de la ville de Madrid depuis 1975, anciennement théâtre national espagnol, pièces modernes et actuelles.
Plaza de Santa Ana, C/. Príncipe 25
Métro: Sevilla

Teatro María Guerrero ■ E2
Théâtre national, siège du Centro Dramático Nacional. Représentation de pièces réputées plus difficiles, de Federico García Lorca par exemple.
C/. Tamayo y Baus 4
Métro: Colón

Teatro Real ■ B3
Opéra royal à l'histoire mouvementée. Ouvert en 1850, fermé en 1925. Salle de concert de 1966 à 1988.
Plaza de Oriente 4, C/. de Carlos III
Tél. 248 14 05
Métro: Opera

Plus de 130 salles invitent les cinéphiles du monde entier.

Les occasions ne manquent pas dans l'Espagne catholique dont les habitants sont nés avec le sens de la fête dans les veines.

Les Espagnols forment un peuple au tempérament fort, qui aime faire la fête de façon exubérante. A Madrid aussi se déroulent de nombreux événements festifs, en particulier le **Cumbre Flamenco**, une rencontre de stars du flamenco en avril, et le festival en l'honneur du saint patron de la ville **San Isidro**, qui crée de l'animation chaque année au mois de mai.

L'**été madrilène** est aussi devenu une institution extrêmement populaire, un mélange de danse, de flamenco et de théâtre qui attire de plus en plus d'amateurs. De la mi-juillet à la mi-août sont organisés des spectacles de danse de très haut niveau dans le centre **Conde Duque**, ainsi que le meilleur cycle de représentations de flamenco en plein air avec les meilleurs groupes du pays dans le parc du Retiro (**Paseo de la Chopera**). On peut y admirer de l'authentique flamenco accompagné de guitare et de chant. Le long de l'enceinte arabe (Muralla Arabe), près du **Templo de Debod**, ont lieu des représenta-

Corrida - les Espagnols sont ici dans leur élément.

tions musicales et théâtrales très populaires, et ceux qui maîtrisent l'espagnol ne peuvent manquer d'assister à une pièce de théâtre dans la célèbre **Corrala** (dans la Calle Sombrerete, au coin de la Mesón de Paredes): un théâtre populaire paysan, insolent, qui rappelle les siècles passés de la capitale. Le théâtre de marionnettes pour adultes du parc du Retiro et le programme avant-gardiste du vieux théâtre Sala Olimpia (Plaza de Lavapiés) sont depuis des années des ingrédients indispensables de cet événement estival qui trouve de plus en plus d'amateurs parmi les Madrilènes restés en ville pour l'été.

Kitsch et beau: affiche de corrida

A déconseiller aux nerfs fragiles

Les célèbres corridas de Madrid ont lieu tous les dimanches du printemps à l'automne et même tous les jours en mai, pendant la semaine de la fête de San Isidro. Les 20 000 places des arènes du quartier de **Las Ventas** sont alors toutes occupées pour presque chaque combat. Pour obtenir un billet, les Madrilènes font souvent la queue pendant des heures (Calle de Victoria 3).
Celui qui n'a pas les nerfs trop fragiles, veut se faire sa propre opinion sur la corrida et observer les Espagnols dans leur élément, se doit d'assister à une corrida.

Madrid est aussi une ville de foires et d'expositions

Plus de 30 foires sont organisées à Madrid chaque année, sur le champ d'expositions de **Casa de Campo**. Les trois foires les plus importantes sont: le Salon international du Tourisme (FITUR) de fin janvier à début février, la Foire internationale d'Art Contemporain (ARCO) de mi à fin février et la Foire internationale du Livre (LIBER) en juin. Les foires et salons sont organisés par:
IFEMA
Casa de Campo, Av. Portugal
Métro: Lago
Tél. 470 10 14

Cámara de Industria y de Comercio
C/. de Huertas 13
Tél. 429 31 93

VIVRE À MADRID

Janvier/février

Salon international du Tourisme (FITUR)
Parque Ferial Juan Carlos I, Campo de las Naciones (près de l'aéroport de Barajas)
Tél. 722 50 00
Métro: jusqu'à Arturo Soria, puis bus jusqu'au salon
Fin janvier-début février

Foire internationale d'Art Contemporain (ARCO)
Palacio de Cristal, Casa de Campo
Tél. 46 33 63 34
Mi-fin février

Carnaval
Un spectacle coloré, des défilés, des bals masqués, des concerts de flamenco et de rock. Le final se donne sur la **Plaza Mayor**.

Mars/avril
Processions
De nombreuses processions et cortèges religieux ont lieu durant la «Semana Santa». Impressionnantes processions le Vendredi Saint, surtout à Tolède, Avila et Salamanque.
Semaine sainte

Mai
Insurrection contre Napoléon
Sur la **Plaza de Dos de Mayo** a lieu une grande fête en commémoration de l'insurrection populaire contre Napoléon.
2 mai

Juin
Foire internationale du Livre (LIBER)
Salón Internacional del Libro, Paseo de Recoletos
Métro: Recoletos

Fête-Dieu
Des processions solennelles ont lieu en de nombreux endroits le jour de la Fête-Dieu, celle qui se déroule dans les ruelles moyenâgeuses de Tolède est particulièrement impressionnante.

San Pedro y Pablo
Fiesta avec danses et corridas.
Ségovie
29 juin

Juillet
Festival d'été d'Avila
Théâtre, art, sport et corridas.
17-25 juillet

STOP

Pour voir les Madrilènes sous leur jour le plus exubérant, il faut se rendre dans la capitale espagnole durant les **Fiestas de San Isidro**. La ville ne sait où donner de la tête, les fêtes se succèdent: on fait plus la fête pendant cette semaine qu'en plusieurs mois. On célèbre le souvenir du saint patron de la ville par des processions, des festivals de théâtre, des concerts de rock, des fêtes et des corridas. 15-22 mai

Août

Fiesta de San Cayetano et San Lorenzo y La Paloma

Fêtes de quartier typiques à Lavapiés et au Rastro.
2e semaine d'août

Septembre/octobre
De nombreuses fiestas sont organisées en fin d'été dans divers quartiers, comme par exemple la **Fiesta de la Melonera** dans le Barrio Arganzuela.
3-11 septembre

Fiesta de Otoño

Dans le Barrio Chamartín.
29 septembre

Octobre/novembre
Fête de la floraison du safran

A Consuecra dans la Mancha.
Dernière semaine d'octobre

Semaine de Santa Teresa

Marché annuel, concerts et corridas.
Avila
Dernière semaine d'octobre

Festival de Jazz de Madrid

Des jazzmen de renommée internationale se retrouvent dans la capitale espagnole.
Fin octobre/début novembre

Décembre
Marché de Noël

La **Plaza Mayor** sert de décor à un beau marché de Noël.

Navidad

Noël ne se fête pas dans le recueillement mais dans la joie et l'exubérance, avec musique, danse, grands repas et sorties.
25 décembre

Saint-Sylvestre

Vers minuit, tout Madrid se donne rendez-vous à la **Puerta del Sol** pour fêter la fin de l'an dans la joie et l'exubérance en croquant des grains de raisin.
31 décembre

L'ambiance est torride au carnaval de Madrid.

A l'origine, petite place poussiéreuse à l'extérieur de la ville, la Plaza Mayor devint sous les Habsbourg le véritable centre de Madrid.

Réminiscences habsbourgeoises

La souveraineté de la maison impériale autrichienne en Espagne commença avec Charles Quint, mais les Habsbourg ne prirent réellement possession de Madrid qu'avec son fils, Philippe II. Celui-ci transporta sa Cour en 1561 à Madrid, pendant qu'il faisait construire l'Escurial dans les montagnes de Guadarrama. Avec la construction de la **Plaza Mayor** sous son règne (1620), la ville se dota d'un centre, qui pendant des siècles ne fut pas seulement consacré au commerce et aux corporations, mais servit aussi de salle des fêtes et d'arènes. La vie des corporations d'artisans se déroulait aux abords de la Plaza Mayor, ce que vous rappellent encore les vieilles maisons que l'on voit dans la **Calle de Toledo**, en direction du sud. Vous y découvrirez encore les plus anciennes boutiques d'artisanat, magasins et tavernes avec leurs grandes portes qui laissaient jadis le passage aux attelages. Il y avait ici

De superbes façades caractéristiques de la Plaza Mayor

des magasins de vinos, coloniales ou bacalao (cabillaud), on y
trouve encore des **lecherías** et
des **panaderías**, des laiteries et
des boulangeries. La **cathédrale
de San Isidro** (voir Curiosités),
que l'on devine à peine dans
l'enchevêtrement et la bousculade des ruelles et des rues, se
trouve un peu plus bas dans la
Calle de Toledo, sur la gauche.
Sans aller plus loin dans la Calle
de Toledo, qui débouche directement sur le **Rastro**, vous par-
venez, en empruntant vers la
droite la petite **Calle de
Lechuga**, où les paysans ven-
daient jadis leurs légumes, au
Ministère des Affaires étrangères, qui servit de prison royale
aux prisonniers politiques
jusqu'en 1846: il devint alors
trop exigu. Son style monumental et les tours pointues rappellent qu'il fut érigé par un élève
de l'architecte de l'Escurial,
Herrera.

Les nombreux cafés de
la Plaza Mayor invitent au repos.

Le quartier des comtes,
des bars et des places
romantiques

A quelques mètres à peine d'ici
débute le quartier des **Duques**
(ducs) et **Condes** (comtes), juste
derrière la façade occidentale de
la Plaza Mayor, dans la **Cava de
San Miguel**, que l'on atteint en
passant sous l'**Arco de
Cuchilleros** (Porte des coutel-
liers). La Cava est parsemée de
vieilles auberges romantiques et
de tavernes et vous n'aurez pas
de mal à croire que c'est ici que
rôdait jadis le légendaire bandit

Luis Candelas, terreur des riches
et ami des pauvres. Aujourd'hui,
les tunas, des orchestres estudi-
antins en costume historique,
font le soir le tour des cafés et
restaurants. Juste après la Cava
se succèdent des places riches
en traditions, la tranquille **Plaza
del Conde de Barajas**, la **Plaza
del Conde de Miranda** bordée
de demeures aristocratiques du
XVIIIe siècle et la **Plaza del
Cordón**, à côté de laquelle se
dresse l'église en baroque tardif
de **San Miguel**.
Si l'on suit la ruelle étroite **Calle
del Cordón**, passant à l'arrière
de l'imposant palais **Cisneros**,
on arrive à la **Plaza de la Villa**,
où s'élèvent l'hôtel de ville de
Madrid, l'Ayuntamiento, construit dans le style de Herrera, le
palais Cisneros et la Torre de los

PROMENADES

Lujanes. En traversant la place, vous arrivez à la **Calle Mayor**, une des plus anciennes rues de Madrid. Les palais, demeures seigneuriales et magasins établis depuis longtemps s'y succèdent. La pharmacie **Reina Madre** fournissait jadis la cour, la **Guitarrería Contreras** est réputée pour ses excellentes guitares et les uniformes des officiers espagnols sont depuis toujours confectionnés chez le très traditionnel tailleur militaire **El Corte Militar**.

Au bout de la Calle Mayor se dresse sur la gauche l'imposant palais du duc d'Uceda, datant de 1613. Si vous revenez sur vos pas dans la Calle Mayor, l'église Saint-Nicolas se trouve sur votre gauche, dans la **Calle San Nicolás**, tandis que vous arrivez plus loin, en empruntant la Calle de Bordadores et en passant devant l'église **San Ginés**, au **Monasterio de las Descalzas Reales**, l'ancienne résidence royale et monacale des Habsbourg (voir Musées).

Durée: environ 4 heures

Les environs de la Plaza Mayor

Pas à pas sur les traces des Maures

Lorsque l'Alcázar mauresque, situé sur une butte stratégique, brûla en 1734, Philippe V fit construire le monumental **Palacio Real** (voir Curiosités). Derrière lui s'étend le parc **Campo del Moro**, le champ où se regroupèrent jadis les Maures pour livrer une dernière bataille afin de reconquérir la forteresse occupée par les chrétiens. En vain. Pour avoir une bonne idée de la grandeur du Palacio Real, il faut se rendre dans les **jardins de Sabatini** voisins ou mieux encore sur la **Plaza de Oriente**. Cette place passe pour être l'une des plus enchanteresses de Madrid, entourée du théâtre royal, du joli petit parc et d'agréables cafés et restaurants. D'ici, il suffit de faire quelques pas dans la **Calle de Pavía** pour arriver au cloître **Encarnación**, une ancienne annexe du palais royal, qui ne joua sous les Habsbourg certes jamais un rôle aussi important que le couvent des **Descalzas Reales**, mais dans le musée duquel se trouvent des tableaux d'une certaine valeur. Vous entrez dans la large **Calle de Bailén** et débouchez, au bout de la Calle de Bailén, en laissant les jardins de Sabatini sur votre gauche, sur la **Plaza de España** (voir Curiosités) avec ses immeubles élevés et la statue du héros Don Quichotte. Au départ de la place, on peut faire un détour jusqu'au **Templo de Debod** (voir Curiosités), en empruntant la **Calle Ferraz** sur une courte distance pour accorder une visite à ce joli temple égyptien situé en hauteur sur la gauche. Vous retournez ensuite

Construit sur le modèle français: le Palacio Real

vers la Calle de Bailén. Lorsque vous dépassez le Palacio Real, vous tombez à droite sur la **Catedral de la Almudena** (voir Curiosités), dont la façade classicique donne sur la cour du Palacio Real fermée par des grilles (Plaza de la Armería).

Passé arabe

Rendez-vous maintenant dans la **Morería**, l'ancien quartier arabe. Un petit détour dans la **Cuesta de la Vega**, juste à droite derrière l'église de la Almudena, conduit à l'arrière de la cathédrale où l'on peut voir un vestige de l'ancienne muraille arabe devant une petite place. On y découvrit la légendaire statue de Marie Almudena, qui serait miraculeusement venue en aide aux conquérants chrétiens lors de la reconquête de Madrid. De retour sur la Calle de Bailén, vous poursuivez votre chemin et traversez par la **Calle de Segovia** perpendiculaire, un vieux viaduc. Ici commençait jadis le quartier **Extramuros** – hors des murs – dans lequel les Maures et les Juifs devaient résider, après la reconquête au XIe siècle par les chrétiens sous Alphonse VI le Brave de Mayrit, occupé jusque là par les Maures depuis le VIIIe siècle.

Vous tournez juste après à gauche dans la petite **Calle de Morería** vers la vieille ville historique avec son enchevêtrement de vieilles places, de rues et ruelles, où des carreaux de faïence aux motifs peints donnent le nom des rues et symbolisent leur fonction et leur importance de jadis. Avant cela, continuez encore un peu votre chemin dans la **Calle de Bailén** pour faire un bref détour par l'église **San Francisco el Grande**. Si l'après-midi touche à sa fin, et à plus forte raison en été, il faut faire un arrêt à la terrasse **Las Vistillas** pour jouir du crépuscule en sirotant un verre de fioja, un cocktail ou une sangria. On y est également bien installé pour attendre que débute le spectacle de flamenco du **Corral de la Morería**, en face.

Une excursion au Moyen Age

Sur la **Plaza del Almillo**, où vous arrivez maintenant, se rassemblaient probablement à l'époque arabe les juges du tribunal musulman, l'Alamud. L'endroit est assez calme aujourd'hui à moins que des sons étouffés ne parviennent des fenêtres des mansardes, les Buhardillas, typiquement madrilènes, de la place. Un peu plus vers le haut de la **Calle de Segovia** se trouve la **Plaza de la Cruz Verde**, avec sa petite fontaine. Au Moyen Age, les cochers, qui entraient par la porte de la ville toute proche, y faisaient boire leurs chevaux; plus tard, les hérétiques étaient flagellés sous la grande croix verte. De nos jours, les joueurs de violon de la ville se donnent rendez-vous à la fontaine. On peut remarquer sur l'abreuvoir les armes de la ville, l'ours rongeant l'écorce d'un arbousier, dont la statue grandeur nature est actuellement postée à la Puerta del Sol. Celui-ci date de l'époque où les nobles castillans partaient encore à la chasse à l'ours. Si vous remontez un moment la Calle de Segovia vers la ville, vous croisez à droite l'église **San Pedro el Viejo**, en plein cœur de l'ancien faubourg où cohabitaient jadis juifs, arabes mudéjars, mozarabes et chrétiens, jusqu'à ce que les Rois catholiques expulsent les juifs d'Espagne à la fin du XVe siècle et persécutent sans pitié comme hérétiques les Maures espagnols et les maranes.

En montant la **Costanilla de San Andrés,** vous atteignez la **Plaza de la Paja** (Place de la Paille), une place commerçante jadis animée, aujourd'hui une placette idyllique, tranquille et encore peu connue au milieu de la grande ville bruyante et agitée. L'extrémité de la place est occupée par le mur arrière du complexe architectural de l'église **San Andrés** (voir Curiosités), la chapelle de San Isidro et la chapelle épiscopale. A la gauche de la chapelle épiscopale s'élevait jadis le palais du puissant cardinal **Cisneros**, fondateur de l'université d'**Alcalá de Henares**, qui dirigea l'Espagne à la mort des Rois Catholiques jusqu'à l'arrivée du premier Habsbourg; aujourd'hui s'y trouve un bâtiment de style classique. Si vous vous rendez à la jolie **Plaza de los Carros**, en passant par la **Plaza del Humilladero**, vous pouvez contempler les vestiges de la **Puerta de Moros**. Après la Reconquista, la porte la plus méridionale de l'enceinte de la ville dans le quartier des arabes convertis. Par la petite **Calle del Almendro**, dans laquelle de nombreuses entrées imposantes rappellent les anciennes portes des commerces, vous atteignez la **Calle de la Cava Baja**, que longeait un vieux fossé à l'époque des Maures. De la **Calle de Toledo** se dressent par-dessus les toitures, les tours et les coupoles de la cathédrale de **San Isidro el Real,** le saint patron de la ville.

Avant de pénétrer dans la cathédrale abritant la sépulture du saint, flânez dans la **Cava Baja** et laissez-vous impressionner par les auberges séculaires avec leurs grandes portes cochères. La plupart de ces anciennes Posadas sont assez délabrées et ne laissent plus qu'imaginer leur âge d'or, quand les attelages des voyageurs entraient en trombe par la grande porte. Vous pouvez choisir une de ces anciennes tavernes pour faire une pause.

Durée: 1/2 journée
Carte: voir rabat avant

PROMENADES

La Puerta del **Sol** est particulièrement belle le soir lorsqu'elle est illuminée; la journée, les gens y passent en hâte, le bruit de la circulation l'entoure. Comme c'est l'une des places les plus fréquentées de Madrid avec son centre et point de départ avec la borne kilométrique marquée du 0, les marchands aveugles de billets de loterie s'y regroupent aussi pour faire miroiter la chance aux passants pressés et s'assurer un minimum vital. Pour les touristes, la **Plaza Mayor** est bien sûr plus intéressante que la **Puerta del Sol**, et pour les Madrilènes, la **Gran Vía** animée et ses rues latérales ont pris la place de la Puerta. Mais une fois par an, cette place redevient le centre de Madrid, lorsque le soir

Constructions bourboniennes de prestige et architecture moderne

de la Saint-Sylvestre sonnent les derniers coups d'horloge et commence l'année nouvelle.

Si vous descendez la **Carrera de San Jerónimo**, vous passez devant le légendaire restaurant **L'Hardy**, sur votre droite, qui a su maintenir depuis 1839 sa réputation en servant l'un des meilleurs cocidos d'Espagne. On raconte qu'Isabelle II venait souvent y manger sous un déguisement. Celui qui recherche des lieux moins sélects – et bien sûr moins chers – devrait essayer le célèbre consommé du bar du rez-de-chaussée ou le jambon fumé à l'air libre du **Museo de Jamón** (voir Musées). Un peu plus loin, vous arrivez à la **Plaza de Canalejas**, où la **Banco Hispano Americano** avec son

La Puerta del Sol, au cœur de la vie publique madrilène

94

splendide portail inaugure la parade des banques dans la **Calle de Sevilla** et d'**Alcalá**.

Bâtiments magnifiques et palais de prestige

Vous continuez à longer la **Calle de Jerónimo** et passez à gauche du **Palacio de las Cortes** (voir Curiosités), le Parlement espagnol, gardé par ses deux lions de bronze tandis que se trouve sur votre droite la petite et attrayante **Plaza de las Cortes**, avec le monument dédié à Cervantes. On peut faire une pause un peu plus loin sur la droite dans l'**Hotel Palace** (voir Hôtels) ou dans le célèbre **Ritz** en face.

La **Plaza Cánovas del Castillo**, succédant aux hôtels, avec la fontaine de Neptune se trouve presque précisément au milieu du **Paseo del Prado**, aménagé au XVIIIe siècle par le roi Bourbon Charles III. Dans sa partie nord, entre la **Plaza Cánovas del Castillo** et la **Plaza de Cibeles** se trouvent à droite la **Plaza de la Lealtad** – dont l'**Obélisque Dos de Mayo** commémore le soulèvement de Madrid contre les Français le 2 mai 1808 -, le Ministère de la Marine et le palais de la poste principale. Vous poursuivez cependant votre route vers le sud et arrivez au **musée du Prado** (voir Musées), auquel se rattache également le **Casón del Buen Retiro** avec des œuvres majeures du XIXe siècle. Le bâtiment est comme l'actuel **musée de l'armée**, un vestige de l'ancien palais impérial Palacio del Buen Retiro, dont le gigantesque parc s'étend de l'autre côté de la Calle de Alfonso XII. Le **parc du Retiro** mérite que l'on s'y arrête.

Architecture ancienne et moderne en harmonie

Au sud du Prado commence le Jardin Botanique avec sa riche faune et flore. Il s'étend jusqu'à la **Plaza del Emperador Carlos V** et est contigu à la station de métro et la gare d'Atocha, qui fut promue après des transformations très réussies au grade de temple moderne de la communication, avec sa palmeraie, ses cafés et jets d'eau. La **Calle de Atocha** conduit tout droit à la **Plaza Mayor**, et l'ancien quartier juif de Lavapiés autour de la **Plaza de Lavapiés** est assez proche.

De la **Plaza del Emperador Carlos V**, il n'y a que quelques pas jusqu'au centre artistique moderne **Centro de Arte Reina Sofía** (voir Musées) avec ses tours d'ascenseurs en verre futuristes dans la Calle de Santa Isabel ou encore jusqu'à la manufacture royale de tapisseries **Real Fábrica de Tapices** dans la Calle de Fuenterrabia.

Durée: environ 5 heures sans faire de détour
Carte: voir rabat avant

La célèbre résidence royale et monacale El Escorial est déjà impressionnante vue de loin. C'est le symbole matérialisé dans la pierre de la puissance espagnole.

Le palais de Philippe

TOPTEN 2

Sur le versant sud de la Sierra de Guadarrama, à 50 kilomètres au nord-ouest de Madrid, situé à une altitude de 1055 mètres, L'Escurial – le nom complet est **San Lorenzo de El Escorial** –, a réellement quelque chose de majestueux. La construction de cet imposant ensemble – comprenant un cloître, une basilique, un palais, un mausolée, une bibliothèque et une aile administrative – commença en 1563 sur les plans de **Juan Bautista de Toledo** et fut achevée en 1584 sous la direction de **Juan de Herrera**. Ce complexe gigantesque forme un rectangle fermé de 207 mètres sur 162, avec quatre tours d'angle, sortes de bastions, que seule dépasse l'église, avec sa coupole de 90 mètres et ses clochers. Les bâtiments sont regroupés autour de seize cours intérieures, parmi lesquelles la cour des rois (**Patio de los Reyes**) et la cour des évangélistes (**Patio de los Evangelistas**) sont particulièrement remarquables. La basilique, au plan rectangulaire et à la puissante coupole à la croisée des transepts, est décorée de fresques de Luca Giordano et possède un très beau maître-autel coloré de jaspe vert, de marbre rouge et de bronze doré. Le panthéon

Magnifique – la salle du trône du palais royal

La bibliothèque recèle plus de 40 000 livres et manuscrits.

des rois, où reposent tous les souverains espagnols de 1500 à 1884 dans des sarcophages de marbre – à l'exception de Philippe V et de Ferdinand VI qui furent enterrés respectivement au château de La Granja et à Madrid – se trouve directement sous la basilique. Dans l'ancien palais administratif de Philippe II, les appartements des Bourbons et leur somptueux mobilier méritent une attention particulière, et surtout la salle des batailles avec la célèbre tapisserie montrant les Espagnols victorieux à Higueruela, près de Grenade (1431). Le palais privé de Philippe II, avec la cour des masques – qui doit son nom aux décorations de deux fontaines –, la salle du trône et les appartements de la famille royale, est assez simplement meublé. Le 13 septembre 1598 y mourait dans sa chambre le monarque qui régnait alors sur la moitié du monde.

La bibliothèque fondée par Philippe II, avec ses 40 000 volumes et manuscrits, vaut également une visite. Les livres et manuscrits rangés dans les rayonnages conçus par Juan de Herrera, parmi lesquels l'«Evangile doré d'Henri III» de 1045,

El Escorial

ont une valeur inestimable. Les fresques du plafond de **Pellegrino Tibaldi** représentent des allégories symbolisant les arts et les sciences – une curiosité en soi. Pour avoir une vue panoramique de cette formidable résidence-monastère il faut se rendre jusque dans les collines à environ trois kilomètres et demi au sud de l'Escurial et prendre place sur l'un des blocs de granit, la «Silla de Felipe II». Philippe II surveillait depuis cet endroit l'avancement des travaux. La vue sur le château et la Sierra de Guadarrama est grandiose.

Détour par la vallée des Morts

On atteint la vallée des Morts, **Valle de los Caídos**, après quelques kilomètres vers le nord sur la N VI. Un an à peine après la fin de la guerre civile espagnole (1936 à 1939), Franco entama la construction du **Monumento Nacional de Santa Cruz del Valle de los Caídos**, pour commémorer les morts de la guerre civile mais aussi pour célébrer la «Nouvelle Espagne». C'est le plus grand monument de guerre au monde. Il fut construit en 19 ans par de nombreux forçats. La basilique haute de 22 mètres et longue de 262 mètres, creusée de 1950 à 1958 à coup de dynamite dans les rochers, une gigantesque église dans le roc, est une prouesse technique de la construction de tunnels. A l'intérieur, on peut admirer huit grandes tapisseries de Bruxelles,

datées de 1561: elles dépeignent l'Apocalypse avec des couleurs impressionnantes. Près du maître-autel, sous de simples pierres tombales, se trouvent les tombes du fondateur de la Phalange, José Antonio Primo de Rivera, et du Général Franco. Un grand escalier extérieur mène à l'esplanade large de 100 mètres devant l'église. Au sommet du massif montagneux s'élevant à près de 150 mètres autour de l'église se dresse une croix de béton haute elle aussi de 150 mètres, visible de partout, avec des statues monumentales des quatre évangélistes.

Arrivée: quitter Madrid par la N VI et à Las Rozas, prendre la nationale C 505, qui conduit tout droit dans la Sierra de Guadarrama.

Heures d'ouverture: l'Escurial est ouvert tous les jours sauf lu, 10 h – 13 h et 15 h – 19 h; Valle de los Caídos tous les jours sauf lu, 10 h – 18 h

Durée: excursion d'une journée

El Escorial - résidence royale et monacale, symbole de la puissance espagnole. La résidence comporte une basilique, un monastère, un mausolée, un musée et des appartements royaux.

EXCURSIONS

Sur le plateau castillan, à 85 kilomètres au nord-ouest de Madrid, Ségovie se dresse au sommet d'une butte escarpée longue de 100 mètres, surplombant les vallées de l'Eresma et du Clamores. Les trois ensembles architecturaux à voir à Ségovie sont l'**aqueduc romain**, la **cathédrale gothique** et l'**Alcázar**, au cœur du centre médiéval de la ville.

Aqueduc romain, ville médiévale et spécialités locales délicieuses

L'aqueduc romain du Ier siècle après J.-C. est le symbole de la ville. En très bon état malgré ses 2 000 ans, cet ouvrage de pierre impressionne par sa longueur de 800 mètres et sa hauteur de 29 mètres et surtout par ses 167

Ségovie à travers les siècles

arches harmonieuses Aujourd'hui encore cette prouesse technique de l'architecture romaine amène l'eau de la Sierra de Guadarrama vers la ville. La **cathédrale gothique** **Santa María** se trouve dans l'ancien quartier juif de Ségovie La construction de cette église élevée, aux chapelles nombreuses, commença en 1525 et s'acheva en 1614. Des œuvres d'art de haut niveau s'y trouvent notamment le chemin de croix l'«Autel des lamentations» dans la chapelle de la Piéta de 1571, un splendide tryptique d'Ambrosius Benson du XVIe siècle ainsi que l'autel de céramique avec un crucifix de Manuel Peirera. L'église de **San Esteban** avec son intéressante tour hexagonale et celle de **San Martín** avec ses superbes portails mérī

L'aqueduc romain de Ségovie

tent aussi une visite. Les deux églises se situent dans la partie haute de la ville de Ségovie. Ici se trouvent aussi les remarquables **Santa Cruz la Real** avec son beau portail d'entrée de style isabellin, **San Milán** avec d'intéressantes peintures murales du XIIIe siècle et l'ancienne église dodécagonale des Templiers, **Vera Cruz**. Si vous n'êtes pas encore rassasié après la visite de toutes ces splendides églises, vous pouvez rendre une visite au vieux et vénérable monastère de Saint Jérôme, **El Parral**, un peu en dehors de Ségovie.

Une attraction célèbre de Ségovie est son **Alcázar**, qui rappelle le siècle d'or de la ville au XVe siècle, lorsque Ségovie était, sous Isabelle de Castille, la résidence royale favorite et le théâtre apprécié des joutes de chevalerie du Moyen Age finissant. L'Alcázar, sous son aspect de château de conte de fées avec ses créneaux et ses tourelles, tel que nous le connaissons aujourd'hui, ne date que du XIXe siècle. La première forteresse construite à cet emplacement des plus stratégiques sur le rocher tombant à pic de trois côtés, remonte au XIe siècle. Le château fut un temps résidence royale en 1570, lorsque Philippe II y épousa Anne d'Autriche, sa quatrième épouse. Lorsque la famille royale quitta la forteresse, elle servit tout d'abord de prison d'Etat sous Philippe IV puis d'école d'artillerie, jusqu'à sa restauration à partir de 1940 et son ouverture au public en tant que musée.

En dessous de l'Alcázar se presse la Ségovie médiévale avec ses ruelles étroites et ses places romantiques. D'innombrables auberges y invitent à savourer des mets régionaux, tels le cochon de lait rôti (cochinillo asado), le gigot d'agneau (pierna de cordero) ou les écrevisses particulièrement délicieuses dans cette région (cangrejos del río).

Les environs de Ségovie avec leurs vastes champs de blé, les vertes forêts et les montagnes de la Sierra à l'arrière-plan offrent des paysages splendides. Il n'est dès lors pas étonnant de trouver à dix kilomètres de distance deux châteaux, l'ancien château royal de **La Granja de San Ildefonso**, au milieu d'un superbe jardin à la française avec de magnifiques jeux d'eau, et le palais de **Riofrío** avec son musée de la chasse et un parc à daims et à cerfs.

Arrivée: par la A 6 et à San Rafael prendre la N 603. Pour le retour vers Madrid, nous conseillons de prendre la N 601 passant par les cols de la Sierra de Guadarrama et traversant un paysage d'une splendeur sauvage et romantique jusqu'à Collado-Villalba, où l'on retrouve la A 6.
Durée: excursion d'une journée

EXCURSIONS

Tolède est à 70 kilomètres au sud de Madrid. Sur la nationale N 401 menant directement à Tolède, on peut faire halte à **Illescas**, à 30 kilomètres de Madrid. Il faut y voir l'église paroissiale de **Santa María de la Asunción** avec son beau clocher mudéjare de 6 étages. L'église de l'ancien **Hospital de la Caridad** où sont exposés cinq chefs-d'œuvre du Greco est également intéressante.

En approchant de Tolède, nous apercevons la ville perchée sur une butte élevée, entourée du lit du Tage. A l'entrée de la ville se trouve la porte appelée **Puerta Nueva de Bisagra** et décorée des armes de Charles Quint. Derrière commence le monde fascinant de Tolède, avec des trésors architecturaux, de gran-

Fascination médiévale de Tolède

TOP TEN 9

des églises, des musées, des places moyenâgeuses, des rues et ruelles. La **Plaza de Zocodover** forme le centre de la ville. Place du marché (suq) dès l'époque maure, elle fut plus tard – comme la Plaza Mayor à Madrid – le théâtre de réjouissances populaires mais aussi lieu de supplices et d'exécutions d'hérétiques et de criminels. Ceci explique le nom de la porte mauresque située sur le côté oriental de la place: **Arco de la Sangre** (Arche du sang).

Si au départ de la Plaza de Zocodover, vous descendez la Calle del Comercio, vous arrivez à la **cathédrale**, dont la construction dura de 1226 à 1493, soit plus de deux siècles et demi. L'archevêque Rodrigo Jiménez de Rada serait l'auteur des plans

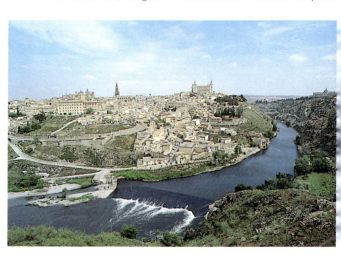

On peut se replonger dans le Moyen Age à Tolède.

de cet édifice gothique. A l'intérieur, on remarquera particulièrement les vitraux, au nombre de 750, les grilles de fer forgé, les sculptures et la collection de tableaux de la sacristie avec des œuvres splendides du **Greco**, («Le dépouillement du Christ»), **Francisco de Goya** («L'arrestation du Christ»), **Antoon Van Dyck**, **Diego Velázquez**, **Le Titien** et d'autres encore. En face du maître-autel se trouve le chœur (coro). Les stalles sont richement sculptées. La série de reliefs sur bois illustrant la conquête de Grenade fut réalisée de 1489 à 1495 par le sculpteur allemand Rodrigo Alemán. Dans le trésor (tesoro), sous le clocher, il faut admirer l'ostensoir en argent de trois mètres de hauteur. Il fut réalisé sur une commande du cardinal Cisneros, de 1517 à 1524, par Enrique de Arfe qui avait fait son apprentissage à Cologne. Sous la tour méridionale de la cathédrale se trouve la **capilla Mozárabe** (l'une des 26 chapelles). Aménagée vers 1500, elle servait de lieu de réunion aux chrétiens qui étaient restés fidèles à leur ancienne foi sous la domination arabe. Outre la cathédrale, l'**Alcázar**, surplombant la boucle du Tage à l'est de la ville définit la silhouette de Tolède. L'actuelle construction Renaissance remonte au XVe siècle. La forteresse – les Romains y avaient déjà érigé un fort dès le IIIe siècle – fut détruite et reconstruite plusieurs fois au cours des siècles. Elle servit de palais, de caserne, d'école et de prison. Sous la Plaza de Zocodover, dans la Calle de Cervantes, se trouve l'ancien hôpital **Santa Cruz**, aujourd'hui musée archéologique de la province de Tolède. Le bâtiment possède une façade simple avec un splendide portail d'entrée de style plateresque. Il faut admirer à l'intérieur les plafonds en bois de style mudéjar, dont les voûtes décorent toutes les pièces.

Dans une chapelle de l'église **Santo Tomé** (entrée par la Plaza del Conde de Fuensalida) se trouve l'un des chefs-d'œuvre du Greco: «L'enterrement du Comte d'Orgaz» (achevé en 1588). L'œuvre dépeint la légende selon laquelle le chancelier castillan Orgaz, bienfaiteur d'un petit village du même nom, fut enterré par deux saints, Etienne et Augustin: le ciel s'est ouvert, les deux saints sont venus à l'enterrement. Des membres du clergé et de la noblesse tolédans assistent à la scène. C'est une œuvre d'une profonde inspiration religieuse. On peut admirer d'autres tableaux du grand maître dans le **musée El Greco**, ouvert en l'honneur de l'artiste en 1910 à Tolède, sa seconde patrie. Le musée se situe dans la Calle Samuel Levi, à l'emplacement approximatif de la maison où El Greco aurait vécu et travaillé jusqu'à sa mort en 1614. L'unique mosquée préservée de Tolède, **Santo Cristo de la Luz**, ainsi que les synagogues **Santa María la Blanca**, la plus grande synagogue de Tolède au XIIe siècle encore, et **El Tránsito**, construite dans le style mudéjar témoignent encore de la cohabitation pacifique et féconde des Maures, des chrétiens et des juifs, qui se poursuivit jusqu'au cœur du XVe siècle. Ces deux édifices furent transformés en églises après l'expulsion des juifs d'Espagne en 1492.

Avant de prendre le chemin du retour vers Madrid, vous ne devriez sous aucun prétexte manquer de faire une pause dans le **Parador de Toledo**, situé sur une colline sur l'autre rive du Tage.

Arrivée: en voiture prendre la N 401 vers Tolède, un train part toutes les 2-3 heures de la gare d'Atocha ou de Chamartín, un bus toutes les 30 minutes de la Estación Sur de Autobuses.

Durée: excursion d'une journée

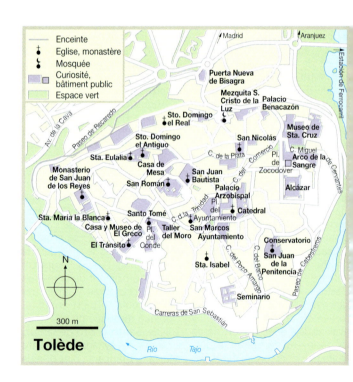

Tolède

- Enceinte
- Eglise, monastère
- Mosquée
- Curiosité, bâtiment public
- Espace vert

300 m

La cathédrale de Tolède et sa collection unique de peintures

Pittoresque oasis d'Aranjuez

La ville d'Aranjuez se trouve à 47 kilomètres au sud de Madrid, au bord du Tage, au cœur d'une région irriguée artificiellement. Elle est facile à atteindre par la N IV.

Ici prospèrent fruits et légumes, asperges, fraises, pêches et autres fruits et les dimanches de mai partent les fameux «trains des fraises» de la gare d'Atocha pour une excursion d'une journée à Aranjuez. Les «trains des fraises» quittent Madrid à 10 heures le dimanche matin et reviennent à 18 heures. Pendant le trajet, on peut déjà déguster des fraises dans le train et en acheter en quantité à Aranjuez. Autour de ces jardins fertiles, le sol est aride et rien ne pousse. C'est pourquoi Aranjuez ressemble à une oasis. Philippe II s'y fit construire par son architecte Juan de Herrera dans la seconde moitié du XVIe siècle une résidence royale d'été, dont les jardins devinrent célèbres dans le monde entier. Ainsi parle Schiller dans son Don Carlos: «Les beaux jours d'Aranjuez sont à présent terminés.» Le château et la ville subirent à la suite d'incendies, plusieurs aménagements et transformations jusqu'en 1178, date où ils acquirent leur aspect actuel.

Le gigantesque parc et le jardin du château s'étendaient vers le nord des rives du Tage jusque dans la colline de Jarama. Le pourtour du parc actuel fait plus de 40 kilomètres de longueur. Des étangs, jets d'eau, statues et monuments réjouissent le visiteur qui se promène sous les vieux arbres aux cimes élevées. Dans le château, on peut visiter

Aranjuez est une oasis de verdure entourée de terres arides et désertiques.

de nombreuses salles, chambres et salons au riche mobilier, aux superbes tapisseries et tableaux. Parmi ces salles se distinguent la salle de porcelaine de Charles III aux murs et plafonds recouverts de splendides revêtements et aux chinoiseries de grande taille, ainsi que le musée des costumes et des éventails.

Le châtelet de **Casa del Labrador**, dans le Jardín del Príncipe (jardin du prince), construit entre 1792 et 1803 par Isidra González Velázquez, servait de résidence royale le week-end. Il produit une impression d'art de vivre raffiné. A la propriété se rattachait une maison de marins (Casa de Marinos), où les barcasses royales attendaient, parées pour des excursions sur le Tage.

Le paysage façonne les gens.

Une excursion à Chinchón

Le pittoresque village de **Chinchón** ne se trouve qu'à quelques kilomètres d'Aranjuez. Il possède une très belle Plaza Mayor aux maisons chaulées de blanc et aux arcades en bois. Dans l'église paroissiale toute proche du XVIe siècle se trouve un tableau de Francisco de Goya («L'Assomption»).

De la forteresse, située sur une élévation, à environ 500 mètres du village – siège au XVe siècle du comte de Chinchón – on jouit d'une vue splendide sur les douces collines avoisinantes. Chinchón est réputée pour sa liqueur d'anis de grande qualité. On peut recommander fortement le **Parador de Chinchón**, dans un ancien monastère augustinien du XVIIe siècle, équipé de l'air conditionné et d'une piscine. Pour le retour, on emprunte la C 300 jusqu'à La Poveda puis la N III jusque Madrid.

Arrivée: en voiture par la N IV jusqu'Aranjuez

Durée: excursion d'une journée

Urgences

Police: Tél. 091
Pompiers: Tél. 080
Secours médicaux: Tél. 061

Population

Madrid est la plus grande ville d'Espagne. Sur les 6 070 km^2 de sa superficie vivent 3,67 millions d'habitants, tandis que la région de Madrid, avec une superficie de 7 995 km^2 compte 4,94 millions d'habitants. Madrid se situe à une altitude de 660 mètres, à 40,5° de latitude Nord.

Animaux

Pour les animaux de compagnie, un certificat de santé délivré par un vétérinaire et répondant aux normes internationales est requis. Dans ce dernier sont reprises les vaccinations de l'animal, notamment celle contre la rage.

Représentations diplomatiques

Ambassade de France
Calle de Salustiano Ologaza 9
Tél. 341 43 55 560

Ambassade de Belgique
Paseo de la Castellana 18
Tél. 577 63 00

Douane

Depuis le 1er janvier 1993, il n'y a plus de contrôles aux frontières intérieures de l'Union Européenne pour les biens à usage strictement privé. Des contrôles de sécurité peuvent toutefois encore être effectués. Pour les Suisses, les restrictions de quantité habituelles sont de rigueur: 200 cigarettes ou 100 cigarillos ou 50 cigares ou 250 g de tabac, 1 l de spiritueux ou 1 l de liqueur ou 2 l de vin, 50 g de parfum ou 0,25 l d'eau de toilette.

Typiquement méditerranéen: on trouve toujours le temps de bavarder.

Jours fériés

1er janvier: Año Nuevo (Nouvel An)
6 janvier: Reyes (Epiphanie)
19 mars: San José (Saint Joseph)
Semaine sainte: Semana Santa avec les jours fériés les plus importants
1er mai: Día del Trabajo (Fête du Travail)
2 mai: Dos de Mayo
15 mai: Fiesta en l'honneur du patron de la ville, San Isidro
24 juin: San Juan (fête du roi)
29 juin: San Pedro y San Pablo (Saints Pierre et Paul)
25 juillet: Santiágo Apóstol (Saint Jacques)
15 août: Asunción (Assomption)
12 octobre: Día de la Hispanidad (Découverte de l'Amérique)
1er novembre: Todos los Santos (Toussaint)
8 décembre: Immaculada Concepción (Immaculée Conception)
25 décembre: Navidad (Noël)

Pourboires

En Espagne, il est d'usage de donner aux chauffeurs de taxi, aux garçons d'hôtel, aux femmes de chambre et aux serveurs environ 5-10% de pourboire, même si le service est déjà compris dans la note de l'hôtel ou du restaurant.

Argent

L'unité monétaire est la Peseta, en abrégé Pta. ou Ptas. Il y a des pièces de 1, 5, 10, 25, 50, 100, 200 et 500 Ptas. et des billets de 1 000, 2 000, 5 000 et 10 000 Ptas. On peut changer dans les banques (heures d'ouverture, en matinée uniquement, lu-ve 8 h 15 – 14 h et sa 8 h 15 – 13 h), les bureaux de change (Cambio) ou les hôtels suffisamment importants, à des cours moins intéressants dans ces derniers.
Les **cartes de crédit**, comme les cartes Visa, American Express ou Eurocard sont acceptées presque partout, de même que les Eurochèques. Lors de payements par Eurochèques, il faut presque toujours présenter sa carte d'identité ou son passeport.

Objets trouvés

Bureau municipal des objets trouvés
Santa Engracia 120
Métro: Iglesia
Tél. 441 02 14
Bureau des objets trouvés de la poste centrale
Guichet 20
Plaza de Cibeles
Métro: Banco de España

Objets perdus dans les bus et taxis
Plaza de Legazpi 7
Métro: Legazpi
Tél. 228 48 06

Informations

En France
Office Espagnol de Tourisme
43, av. Pierre 1er de Serbie
75 008 Paris
Tél. 01 47 20 90 54

INFORMATIONS IMPORTANTES

En Belgique
Office National Espagnol de Tourisme
18, rue de la Montagne
1000 Bruxelles
Tél. 02/512 41 12

A Madrid:
Oficinas de Turismo (Office de Tourisme)
- Plaza Mayor 3
Tél. 366 48 76 et 266 54 77
- Aeropuerto de Barajas (aéroport)
Tél. 305 86 56
- Plaza de España
Torre de Madrid
Tél. 541 23 25
- Estación de Chamartín (gare)
Tél. 315 99 76
- Duque de Medinaceli 2
Tél. 429 49 51

Camping

Trois campings sont ouverts toute l'année dans les environs immédiats de Madrid:

Arco Iris
Sur la Carretera Villaviciosa-Majadahonda
A 3 km de Madrid
Tél. 616 03 87

Madrid
Sur l'Avenida de Burgas, dans une zone verte avec des pins et des acacias.
7 km de Madrid
Tél. 202 28 35

Osuna
Sur l'Avenida de Logroño, à proximité des jardins et du château du duc d'Osuna.
8 km de Madrid
Tél. 741 05 10

Climat

Le meilleur moment pour visiter Madrid se situe au printemps et en début d'été (avril, mai, juin) ainsi qu'en automne, en septembre et octobre
De toute façon, il est bon d'emmener pull, veste et manteau, car le temps peut fraîchir.
Les mois de juillet et d'août sont le plus souvent torrides et l'hiver très froid, comme l'indique le proverbe madrilène «Del invierno al inferno», «De l'hiver à l'enfer».
Nous conseillons Madrid l'été à ceux qui aiment la chaleur et veulent vivre la nuit.
Il est alors toutefois souhaitable que l'hôtel ait l'air conditionné.

Journaux

S'adresser aux kiosques plus importants pour les journaux en français. Les principaux quotidiens espagnols sont El País (notoirement critique), Diario 16 (libéral et gauche), Ya (conservateur), ABC (droite), El Mundo (critique).
Tous les événements importants du moment à Madrid sont repris dans l'hebdomadaire Guía del Ocio.

Soins médicaux

Ambulancias Municipales (Ambulances Municipales)
Tél. 588 44 00

Ambulancias Cruz Roja (Croix Rouge)
Tél. 479 93 61 et 522 22 22

Clinica La Luz
General Rodrigo 8
Tél. 533 21 00

Pharmacies

Dans la vitrine de toutes les pharmacies est affiché l'horaire des gardes, où l'on peut lire quelle pharmacie est de garde
Ouvertes tous les jours

Voltage

On utilise partout du 220 V. Si la prise ne convient toutefois pas, demandez un adaptateur à la réception.

Politique

Une grave crise économique et politique accompagnée de scandales liés à la corruption, de gaspillage et d'abus de pouvoir mettent le Premier ministre Felipe González, dont le Parti Socialiste des Travailleurs Espagnols (PSOE) a perdu la majorité absolue en 1993 et qui dirige le pays en coalition avec le parti régionaliste catalan «Convergencia i Unio» (CiU), dans une situation de plus en plus difficile. La presse et l'opposition parlementaire présentent Felipe González comme le «Premier Ministre du chômage et de la corruption». Avec un taux de chômage de 24% à la fin de 1994, les syndicats de gauche se sont joints à ces attaques contre le gouvernement parce que González, malgré de gros efforts, ne parvient pas à maîtriser la crise économique.
Les élections anticipées en mars 1996 ont été remportées par le parti conservateur Partido Popular (PP) et José María Aznar.

Poste

La **poste centrale** de la Plaza de la Cibeles est ouverte de 9 h à 24 heures pour l'achat de timbres, pour les télégrammes et les envois en poste restante de 9 à 20 h, tandis que toutes les autres opérations postales peuvent être effectuées de 9 h à 13 h 30 et de 17 h à

Brève halte dans un des nombreux parcs madrilènes

19 h (sa 9 h – 14 h).
On peut aussi acheter des timbres (**sellos**) dans tous les bureaux de tabac (**tabacco** ou **estanco**).
Les boîtes aux lettres sont de différentes couleurs: jaune pour la poste ordinaire (cartes et lettres), rouge pour le courrier express (**urgente**) et vert pour les cartes postales.

Radio

Il y a en tout 10 émetteurs à Madrid. **Radio Nacional de España** donne régulièrement des informations en quatre langues étrangères, dont le français.

Documents de voyage

Les voyageurs venant de France et de Belgique doivent être munis d'une carte d'identité ou d'un passeport valable. Un visa est nécessaire pour tout séjour de plus de trois mois. Pour la voiture, la carte verte d'assurance est obligatoire.

Sport

Les Espagnols sont de grands amateurs de sport, et l'on peut pratiquer presque tous les sports à Madrid. Le football joue naturellement un rôle important, Madrid étant la ville des deux grands clubs **Real** et **Atletico Madrid**, mais d'importantes courses automobiles et de chevaux y ont également lieu. Et à ne surtout pas oublier, le plus espagnol de tous les combats, les corridas qui ont lieu dans les arènes de Las Ventas du printemps à l'automne tous les dimanches et même tous les jours pendant les fêtes de San Isidro en mai.
Tous les événements sportifs sont repris dans l'hebdomadaire «Guía del Ocio». Pour plus d'informations sur l'offre sportive de Madrid s'adresser aux offices de tourisme ou auprès du Teléfono de Información Deportiva, tél. 463 55 63.

Conditions climatiques à **Madrid**:

	Températures moyennes en °C		Heures de soleil	Jours de pluie
	Jour	Nuit	par jour	par mois
Janvier	8,5	1,5	4,4	8
Février	11,0	2,2	5,9	7
Mars	14,9	5,2	6,5	10
Avril	18,4	7,4	8,0	9
Mai	21,2	10,2	10,3	10
Juin	26,9	14,6	10,9	5
Juillet	30,8	17,4	12,7	2
Août	29,5	17,1	11,7	3
Septembre	25,0	14,1	8,4	6
Octobre	18,5	9,5	7,0	8
Novembre	12,8	5,3	4,6	9
Décembre	8,8	2,2	4,8	10

Source: Institut Allemand de Météorologie, Offenbach

Circuits touristiques en ville

Les offices de tourisme officiels ainsi que diverses agences de voyages proposent des circuits permettant de voir les curiosités principales, mais aussi des excursions organisées en bus dans les environs. Vous pourrez obtenir plus de renseignements sur les prix et trajets proposés dans la plupart des hôtels. Les principaux organisateurs sont entre autres:

Pullmantur
Plaza de Oriente 8
Tél. 541 18 05

Viajes Ecuador
Almagro 22
Tél. 586 23 00

Viajes Crisol
Juan Bravo 38
Tél. 435 91 47

Téléphone

Les téléphones publics ne prennent que les pièces de 5, 25, 50 ou 100 Ptas. Il y a de plus en plus d'appareils fonctionnant avec carte, de 1 000 ou 2 000 Ptas, que l'on peut acheter dans les bureaux de poste ou les tabacs.

Préfixe:
E → F 07/33
E → B 07/32
puis former l'indicatif de la ville sans le zéro. Comme les téléphones publics fonctionnent rarement, il vaut mieux se rendre dans un bureau de téléphone (Telefónica) pour les appels plus longs, en Espagne ou vers l'étranger. Depuis l'hôtel, le tarif sera plus élevé.

Poste principale
Plaza de Cibeles
Tous les jours, de 8 à 1 heure

Telefónica
C/. de Fuencarral 3
Lu-sa 9 h – 13 h et 17 h – 21 h;
Di 10 h – 14 h et 17 h – 21 h

La religion fait encore partie du quotidien de nombreux Espagnols.

INFORMATIONS IMPORTANTES

Telefónica
C/. Virgen de los Peligros
Lu-sa 9 h – 13 h et 16 h – 21 h;
Di 10 h – 15 h

Télévision

Il y a deux chaînes publiques (TV 1 et La 2), une chaîne locale (Tele Madrid) et trois chaînes privées (Antena 3, Tele 5 et Canal Plus).

Décalage horaire

En Espagne et à Madrid, on passe à l'heure d'été de mars à fin septembre, comme en France et en Belgique.

Paseo de la Castellana dans le centre de Madrid

Vous trouverez dans cet index les curiosités, musées et buts d'excursions décrits dans ce guide. En outre, cet index comprend des mots-clés, des noms espagnols ainsi que tous les stops de ce guide. Si plusieurs numéros de pages sont indiqués, le chiffre en **gras** renvoie à la page principale de la référence. Les **combinaisons de chiffre et de lettre** suivant la page donnent les coordonnées sur le plan.

A

Achats 66
Aéroport de Barajas 13
Agumar (Hôtel) 19; F4/F5
Alcalá (Hôtel) 19; F1
Alcázar (Ségovie) 102, 103
Alcázar (Tolède) 105
Ambassade 110
Antiquités 68
Aqueduc (Ségovie) 102
Arabe (quartier) 91
Aranjuez 108
Arco de la Sangre (Tolède) 104
Archéologique (musée national) 44; F1/F2
Argent 111
Armée (musée de l') 26, **46**; F3
Asturias (Hôtel) 18; D3
Atocha (gare) 26
Auberges de jeunesse 16
Avion 12
Azca (quartier) 26

B

Barajas (aéroport) 13
Bars 79
Boire et manger 53
Boissons 53
Boîtes de nuit 79
Botanique (jardin) 26, **30**; F5
Buen Retiro (parc) 26
Bus 13, 15

C

Cadeaux 70
Cafés 60
Calle de Alcalá 27; D3/F2
Calle de Pavía 91
Calle de Toledo 88
Calle Mayor 89
Camping 16, 112
Campo del Moro 91
Capilla Mozárabe (Tolède) 105
Carrosses (musée des) 46; B 3
Casa del Labrador (Aranjuez) 109
Casa Longoria 28
Casón del Buen Retiro 95
Catedral de la Almudena **28**, 92; A4/B4
Cathédrale (Tolède) 104
Cathédrale Santa María (Ségovie) 102
Cava de San Miguel 89
Centro de Arte Reina Sofía 95
Céramique 74
Chamartín (gare) 9, 15
Château (Aranjuez) 108
Chaussures 75
Chemin de fer 13
Chinchón 109
Cinéma 81
Circuits en ville 15,114
Cire (musée de) 46;

E1/F1
Climat 112
Colón (Hôtel) 18
Concerts 82
Conde Duque (Hôtel) 18
Curiosités 23
Cuzco (Hôtel) 18

D

Décalage horaire 115
Discothèques 80
Documents de voyage 113
Dorada (restaurant, Stop) 58
Douane 110

E

El Parral (Ségovie) 103
El Tránsito (Tolède) 106
El Greco (musée) 105
Emperador (Hôtel) 18; C2
Encarnación 91
Epicerie fine 69
Ermita de San Antonio de la Florida 24, 26
Escorial 96
Eurobuilding (Hôtel) 18
Eurochèques 112
Excursions 96, 102, 104, 108

F

Fêtes 84
Festivals 84
Fiesta de San Isidro (Stop) 86
Flamenco 81
Foires 84
Foxa (Hôtel) 19
Fuente de Apolo 28; E3
Fuente de Cibeles 28; E3
Fuente de Neptuno 28; E4

G

Galeries 43, **52**

INFORMATIONS IMPORTANTES

Gares 15
Gran Vía 30; B2/D2
Grands magasins 71

H
Holiday Inn (Hôtel) 19
Hôtels dans les environs de Madrid 22
Hôtels et autres renseignements 16
Husa Princesa (Hôtel) 19; B1

J
Jambon (musée du) 46; D3
Jardín Botánico 8, 26, **30**, F5
Jerez (Sherry) 54
Journaux 112

L
Las Salesas Reales 39; E1
Las Ventas 26
Livres 68

M
Marchés 48; E3
Marchés aux puces du Rastro 23, **72**
Marine (musée de la) 48; E3
Maroquinerie 72
Métro 15
Miguel Angel (Hôtel) 20
Mindanáo (Hôtel) 22
Mode 73
Monasterio de las Descalzas Reales 90
Monte Real (Hôtel) 22
Monumento Nacional de Santa Cruz del Valle de los Caídos 99
Musée de l'Académie Royale des Beaux-Arts de San Fernando 50; D3

Musée-couvent des Carmes déchaussées royales 51; C 3
Musées 43
Museo Arqueológico Nacional 44; F1/F2
Museo de Carrozas 46; B3
Museo de Jamón **46**, 94; D3
Museo de la Real Academia de Bellas Artes de San Fernando 50; D3
Museo del Real Monasterio de las Descalzas Reales 51; C3
Museo de las Figuras de Cera 46; E1/F1
Museo del Ejército 46; F3
Museo del Prado 23, 43, **49**, 95; E5/E6
Museo Lázaro Galdiano 46
Museo Municipal 47; D1
Museo Nacional Centro de Arte Reina Sofía 24, 43, **47**, 94, 95; E5/E6
Museo Nacional de Etnologia 48; F6
Museo Naval 48; E3
Museo Palacio Real 48; A3/B3
Museo Panteón de Goya (Stop) 52
Museo Sorolla 51
Museo Taurino 51
Museo Thyssen-Bornemisza 24, 43, **51**; E3/E4

N
Norte (gare) 15
Nuestra Señora de la Almudena 28; A4/B4

O
Objets trouvés 115
Opéra 82
Osuna (Hôtel) 22

P
Palace (Hôtel, Stop) **19**, 95; E4
Palacio de la Bolsa 23
Palacio de las Cortes Españolas **30**, 95; E3
Palacio de Velázquez 23
Palacio Real 24, **33**, 91; A3/B3
Papiers d'identité 114
Paris (Hôtel) 20; D3
Parcs (Stop) 40
Parque del Caprichio (Stop) 40
Parque del Oeste (Stop) 34, **40**; A1
Parque del Retiro (Stop) 7, 9, 23, **40**; F3/F5
Paseo de la Castellana 8, **26**
Paseo de la Florida 11
Paseo del Prado 26, 95
Pharmacies 112
Plaza de Colón 26, **34**; F1
Plaza de España 26, **35**, 91; B1/B2
Plaza de Cibeles 8, 15, 23, **34**; E2/E3
Plaza de la Cruz Verde 92
Plaza de la Villa 7, 24, **36**, 89; B4
Plaza de las Cortes 26
Plaza de Oriente **26**, 91
Plaza de Zocodover (Tolède) 104
Plaza del Almillo 92
Plaza del Conde de Barajas 89
Plaza del Conde de Miranda 89

Plaza del Cordón 7, **89**
Plaza del Dos de Mayo 35
Plaza Mayor 6, 24, **35**, 88; C4
Plaza Santa Ana 24
Politique 112
Population 110
Porcelaine 74
Poste 113
Prado 23, 43, **49**, 84, 95; E4
Príncipe Pío (Hôtel) 20; A2/B2
Prix (hôtels) 16
Prix (restaurants) 55
Promenades 88, 91, 94
Puente de Segovia 38
Puente de Toledo 38; B6
Puerta de Alcála 26, **38**; F2
Puerta de Toledo (Hôtel) 20; B6
Puerta de Toledo 39; B6
Puerta del Sol 4, 24, 26, **38**, 94; D3
Puerta Nueva de Bisagra (Tolède) 104

R
Radio 113
Rastro (marché) 23, **72**; C5
Real Fábrica de Tapices 26, **39**, 95
Reina Sofía 24, 26, 43, **47**, 94, 95; E5/E6
Reina Victoria (Hôtel) 20; D4
Restaurants 56
Richard Schirmann (Auberge de jeunesse) 21
Ritz (Hôtel) 20; E3

S
Sabatini (jardins) 91
Salamanca 9, 26, 66

San Andrés **40**, 93; B5
San Antonio de la Florida (Hôtel) 22
San Antonio de la Florida 11
San Antonio de los Alemanes 40; D2
San Estebán (Ségovie) 102
San Francisco el Grande **41**, 92; A5/B5
San Isidro el Real **41**, 89, 93; C4
San Lorenzo del Escorial 96
San Martín (Ségovie) 103
San Milán (Ségovie) 103
San Pedro el Viejo 93
Santa Bárbara 39; E1
Santa Cruz de la Real (Ségovia) 103
Santa Cruz de Marcenado (auberge de jeunesse) 21
Santa María (Ségovie) 102
Santa María de la Asunción (Tolède) 104
Santa María la Blanca (Tolède) 106
Santo Cristo de la Luz (Tolède) 106
Santo Mauro (Hôtel) 21
Santo Tomé (Tolède) 105
Sanvy (Hôtel) 21; F1
Ségovie 102
Serrano (Hôtel) 21; F1
Sherry 54
Sport 114
Suecia (Hôtel) 21; E3

T
Tage 108
Tapas 53

Tauromachie (musée de la) 51
Taxi 15
Téléphone 115
Télévision 115
Templo de Debod 26, **42**, 91; A1
Théâtre 82
Tissus 75
Tolède 104
Torre Picasso 26

U
Urgences 110

V
Valle de los Caídos (Vallée des Morts) 99
Vera Cruz (Ségovie) 103
Vêtements pour enfants 72
Vie nocturne (Stop) 76, **80**
VIP'S (magasins, Stop) 67
Voiture 13, 14
Voitures (location) 14
Voltage 111

W
Wellington (Hôtel) 21

Published originally under the title *Madrid*
(Hans Andreas Bloss)
© MCMXCV by Gräfe und Unzer Verlag GmbH, München
© Zuidnederlandse Uitgeverij N.V.
Aartselaar, Belgique, MCMXCVII. Tous droits réservés.

Cette édition: Chantecler, Belgique-France
Traduction française: C. Bastin
D-MCMXCVI-0001-320

Imprimé en Belgique

Photo de couverture: G. Huber/liaf:
Parc du Retiro, Monument à Alphonse XII
Cartes: Cartographie Huber
Photos
G. Huber/laif 6, 25, 31/32, 33, 42, 50, 61, 63,
72, 77, 81, 83, 84, 87, 89, 91, 96, 100/101
G. Jung 14, 17, 20, 22, 36, 54, 73, 78,
94, 97, 102, 104, 107, 108, 109
C. Kaiser 55
M. Radkai 4, 5, 7, 11, 12, 23, 24, 27, 29, 34, 37, 38,
40, 43, 44, 45, 47, 48, 66, 85, 88, 110, 113, 115
T. Stankiewicz 2, 9, 59, 68, 71, 75,116